Das Grundschulwörterbuch

3., aktualisierte Auflage

von Ulrike Holzwarth-Raether,
Angelika Neidthardt und Barbara Schneider-Zuschlag

mit Bildern
von Kerstin Meyer

Dudenverlag
Mannheim · Leipzig · Wien · Zürich

Am 1.8.2005 wird die neue amtliche Rechtschreibregelung in der Schule allein verbindlich. Dieses Buch folgt dem letzten Stand des amtlichen Regelwerks gemäß Beschluss der Kultusministerkonferenz vom Juni 2004.

Englisch-Teil: Ute Müller-Wolfangel, Cornelia Pardall

Bibliografische Information der Deutschen Bibliothek
Die Deutsche Bibliothek verzeichnet diese Publikation in der Deutschen Nationalbibliografie; detaillierte bibliografische Daten sind im Internet über http://dnb.ddb.de abrufbar.

Das Wort **Duden** ist für den Verlag
Bibliographisches Institut & F. A. Brockhaus AG
als Marke geschützt.

Das Werk wurde in der amtlichen neuen Rechtschreibung verfasst.

Alle Rechte vorbehalten.
Nachdruck, auch auszugsweise, verboten.
© Bibliographisches Institut & F. A. Brockhaus AG,
Mannheim 2005   CB

Redaktion: Katja Schüler
Herstellung: Claudia Rönsch
Layout: Raphaela Mäntele
Layout Englisch-Teil: Juhu Media, Susanne Dölz
Umschlaggestaltung: Mischa Acker
Satz: TypoDesign Hecker, Leimen
Druck und Bindung: Druckerei Parzeller, Fulda
Printed in Germany
ISBN 3-411-06063-8

Wörterbücher sind nützlich

Wenn du „Satellit" und „Karussell" schreiben
kannst, bist du ein Rechtschreibprofi. Aber alle
11 500 Wörter, die in diesem Buch stehen,
hat niemand im Kopf. Und manchmal gibt es
sogar zwei richtige Schreibweisen.

Creme oder: Krem

Deshalb kommt man ohne Wörterbuch nicht aus. Die Großen
brauchen es und die Kleinen. Für dich ist es wichtig, wenn
du einen Brief schreiben oder ein Kreuzworträtsel lösen willst,
in der Schule natürlich oder wenn du Hausaufgaben machen
musst. Es nützt dir aber nur etwas, wenn du es immer griffbereit
hast. Steht es in deinem Bücherregal? Liegt es auf deinem
Schreibtisch? Oder hast du es in deiner Schultasche?

Nur wer viel mit dem Wörterbuch arbeitet, wird
ein schneller Nachschlager oder eine schnelle
Nachschlagerin. Du kannst das mit dem Training
beim Sport vergleichen: Je öfter du turnst und
läufst, umso geschickter und schneller wirst du.

Das richtige Nachschlagen muss aber nicht nur geübt werden.
Damit es Spaß macht, musst du erst einmal wissen, wie es geht.
Gleich auf den nächsten Seiten findest du dazu viele Tipps.

Das Wichtigste an einem Wörterbuch ist, dass du dir beim
Schreiben immer selbst helfen kannst. Es muss kein
Freund und keine Freundin, keine Lehrerin und kein
Lehrer, keine Mutter und kein Vater in der Nähe sein, wenn
du nicht genau weißt, wie man etwas schreibt. Du kannst
das Problem ganz alleine mit deinem Wörterbuch lösen.

Im Anhang deines Wörterbuches findest du jetzt auch ein erstes
kleines Wort-Bild-Lexikon Englisch. Es ist nicht alphabetisch
sortiert, sondern nach Themen. Dort findest du eine Auswahl
der wichtigsten 500 englischen Wörter.

Nachschlagetipps

Achte bei der Wörtersuche zuerst auf den Anfangsbuchstaben deines Wortes.

Advent	findest du bei	**A**
Karussell	findest du bei	**K**

Sieh dir dann den zweiten und den dritten Buchstaben an. Vielleicht sogar den vierten und fünften.

Kino	steht bei	**Ki** und nicht bei **Ka** oder **Ke**
Kino	steht nach	Kilo und vor Kiosk

Achte auf die fett gedruckten Wörter in deinem Wörterbuch. Das sind die Haupteinträge. Darunter stehen die Nebeneinträge. Sie gehören zur gleichen Wortfamilie. Viele der Wörter, die du suchst, sind solche Nebeneinträge.

gefährlich	findest du bei	**Gefahr**
Blut	findest du bei	**bluten**
Schlagsahne	findest du bei	**schlagen**

Suche Namenwörter in der Einzahl.

Äpfel	findest du neben	**Apfel**
Öfen	findest du neben	**Ofen**
Träume	findest du neben	**Traum**

Wenn du ein zusammengesetztes Namen- oder Zeitwort in deinem Wörterbuch nicht findest, dann zerlege es und suche beide Wörter.

| **Türschloss** | – suche | **Tür** | und suche | **Schloss** |
| **aufschieben** | – suche | **auf** | und suche | **schieben** |

Suche Zeitwörter in der Grundform.

| **er sagte** | steht bei | **sagen** |
| **sie hat gelacht** | steht bei | **lachen** |

Besonders schwierig ist es, die Grundform eines Zeitworts herauszufinden, wenn es sich stark verändert hat.

er aß	musst du bei	**essen**	suchen
sie ist geritten	musst du bei	**reiten**	suchen
du siehst	musst du bei	**sehen**	suchen

Eine Liste der Zeitwörter, die sich stark verändern und deshalb schwer zu finden sind, findest du auf den Seiten 216 – 223.

Die Umlaute werden wie Selbstlaute behandelt und entsprechend im Alphabet eingeordnet.

| **Ahorn** | vor | **Ähre** |
| **Mai** | vor | **März** |

Viele Wörter mit vorangestellten Wortbausteinen haben wir in das Wörterbuch aufgenommen, aber nicht alle. Wenn du eins nicht findest, dann suche nach dem Grundwort.

verschmieren – suche **schmieren**
Den Wortbaustein **ver** kennst du.

entlaufen – suche **laufen**
Den Wortbaustein **ent** kennst du.

Suche Eigenschaftswörter in der Grundstufe. Wenn die Steigerungsformen schwierig sind, findest du sie auch dort.

älter musst du bei **alt** suchen
am höchsten musst du bei **hoch** suchen

Wenn du ein zusammengesetztes Eigenschaftswort in deinem Wörterbuch nicht findest, dann zerlege es und suche beide Wörter.

eiskalt – suche **Eis** und suche **kalt**
grasgrün – suche **Gras** und suche **grün**

Gib nicht auf, wenn du ein Wort nicht gleich findest! Manchmal liegt es daran, dass es für einen Laut verschiedene Schreibmöglichkeiten gibt.

Vase	musst du bei	**V**	suchen und nicht bei	**W**
Vogel	musst du bei	**V**	suchen und nicht bei	**F**
Clown	musst du bei	**C**	suchen und nicht bei	**K**
Qualle	musst du bei	**Q**	suchen und nicht bei	**Kw**
Pharao	musst du bei	**Ph**	suchen und nicht bei	**F**

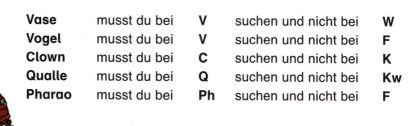

Achte auf diese Zeichen:

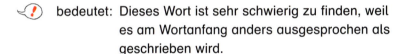 bedeutet: Dieses Wort ist sehr schwierig zu finden, weil es am Wortanfang anders ausgesprochen als geschrieben wird.

bedeutet: Dieses Wort wird in der Umgangssprache häufig verwendet. Ob man es auch schreiben sollte, darüber kann man verschiedener Meinung sein.

→ bedeutet: Dieser Pfeil führt dich bei einigen Zeitwörtern zum Grundwort. Dort findest du die verschiedenen Formen.

| bedeutet: Dieser Strich zeigt dir, wie ein Wort getrennt werden kann. Wir haben uns für die Gliederung nach Sprechsilben entschieden.

Was dir beim Schreiben sonst noch nützlich sein kann:

Wörter, die man immer wieder falsch schreibt, findest du auf den Seiten 202 – 203.

Wörter, die man schwer findet, weil sie anders ausgesprochen als geschrieben werden, findest du auf den Seiten 204 – 205.

Verschiedene Wortfelder findest du auf den Seiten 206 – 215.

Aal

Aa
der **Aal,** die Aale
aalglatt
das **Aas**

Ab
ab
ab und zu
die **Ab|bil|dung,**
die Abbildungen
ab|blit|zen, du blitzt ab
das **Abc**
der **A|bend,** die Abende
am Abend
gestern Abend
das Abendessen
das Abendrot
abends
eines Abends
Guten Abend!
das **A|ben|teu|er,** die Abenteuer
abenteuerlich
a|ber
der **A|ber|glau|be**
abergläubisch
ab|fah|ren → fahren
die Abfahrt
abgefahren
der **Ab|fall,** die Abfälle
der **Ab|flug,** die Abflüge
der **Ab|fluss,** die Abflüsse
das **Ab|gas,** die Abgase
abgasfrei

ab|ge|här|tet
ab|ge|hetzt
ab|ge|macht
der **Ab|ge|ord|ne|te,**
die Abgeordneten
die **Ab|ge|ord|ne|te,**
die Abgeordneten
ab|ge|schlafft
der **Ab|grund,** die Abgründe
der **Ab|hang,** die Abhänge
ab|hän|gig
die Abhängigkeit
das **A|bi|tur**
die **Ab|küh|lung,**
die Abkühlungen
die **Ab|kür|zung,**
die Abkürzungen
der **Ab|le|ger,** die Ableger
ab|leh|nen, du lehnst ab
die Ablehnung
ab|len|ken → lenken
die Ablenkung
die **Ab|ma|chung,**
die Abmachungen
sich **ab|mel|den** → melden
die Abmeldung
a|bon|nie|ren, du abonnierst
das Abonnement
ab|rech|nen → rechnen
die Abrechnung
ab|rei|sen → reisen
die Abreise
der **Ab|satz,** die Absätze
ab|scheu|lich
der **Ab|schied**
Abschied nehmen
die Abschiedsfeier

8

Adler

ab|schlep|pen → schleppen
das Abschleppseil
ab|schlie|ßen → schließen
abschließend
der **Ab|schluss,** die Abschlüsse
der **Ab|schnitt,** die Abschnitte
ab|seits
er steht im Abseits
der **Ab|sen|der,** die Absender
absenden
die **Ab|sicht,** die Absichten
absichtlich
ab|so|lut
die **Ab|sper|rung,**
die Absperrungen
absperren
ab|stam|men, du stammst ab
die Abstammung
der **Ab|stand,** die Abstände
Abstand halten
der **Ab|ste|cher,** die Abstecher
ab|stel|len → stellen
das Abstellgleis
der **Ab|stieg**
ab|stim|men → stimmen
die Abstimmung
ab|stür|zen → stürzen
der Absturz
das **Ab|teil,** die Abteile
die **Ab|tei|lung,** die Abteilungen
ab|trock|nen, du trocknest ab
ab|wärts
ab|wa|schen → waschen
der Abwasch
abwaschbar
ab|wech|seln → wechseln
abwechselnd

ab|weh|ren → wehren
die Abwehr
ab|we|send
das **Ab|zei|chen,** die Abzeichen
die **Ab|zwei|gung,**
die Abzweigungen

Ac
Ach!
die **Ach|se,** die Achsen
die **Ach|sel,** die Achseln
die Achselhöhle
mit den Achseln zucken
acht
der Achte, die Achte
die Achterbahn
achtmal
achtzehn
achtzig
ach|ten, du achtest
Acht geben
sich in Acht nehmen
äch|zen, du ächzt
der **A|cker,** die Äcker
die **Ac|tion**
der Actionfilm

Ad
ad|die|ren, du addierst
die Addition
der **A|del**
adelig oder: adlig
die **A|der,** die Adern
das Äderchen
das **Ad|jek|tiv,** die Adjektive
der **Ad|ler,** die Adler
der Adlerhorst

9

adoptieren

a|dop|tie|ren, du adoptierst
die Adoption
die Adoptiveltern
das Adoptivkind
die **A|dres|se,** die Adressen
adressieren
der **Ad|vent**
der Adventskalender
der Adventskranz
die Adventszeit

die Adoptiveltern

Ae
das **Ae|ro|bic**

Af
der **Af|fe,** die Affen
A|fri|ka
afrikanisch
der **Af|ter**

Ag
Ä|gyp|ten
die Ägypter
ägyptisch

Ah
ah|nen, du ahnst
die Ahnung
ahnungslos
ähn|lich
die Ähnlichkeit
der **A|horn,** die Ahorne
die **Äh|re,** die Ähren

Ai
Aids
der **Air|bag,** die Airbags

Ak
der **Ak|kord,** die Akkorde
die **Ak|kord|ar|beit**
das **Ak|kor|de|on,**
die Akkordeons
der **Ak|ku,** die Akkus
der Akkumulator
der **Ak|ku|sa|tiv**
die **Ak|ne**
der **A|kro|bat,** die Akrobaten
akrobatisch
die **A|kro|ba|tin,**
die Akrobatinnen
der **Akt,** die Akte
der erste Akt
die **Ak|te,** die Akten
die Aktentasche
die **Ak|ti|on,** die Aktionen
ak|tiv
ak|tu|ell
a|kut

Al
der **A|larm**
die Alarmanlage
alarmieren
al|bern

anbauen

der	**Alb|traum,** die Albträume		**als**
das	**Al|bum,** die Alben		als ob
die	**Al|ge,** die Algen		**al|so**
das	**A|li|bi,** die Alibis		**alt,** älter, am ältesten
der	**Al|ko|hol**		Alt und Jung
	alkoholabhängig		das Alter
	alkoholfrei		altmodisch
	al|le, alles		das Altpapier
	alle beide	der	**Al|tar,** die Altäre
	vor allem	das	**Al|ter|tum**
	am allerbesten	das	**A|lu|mi|ni|um**
	das Allerletzte		die Alufolie
	alles andere		
das	**All**		**Am**
	Al|lah		**am** (an dem)
die	**Al|lee,** die Alleen		am Haus
	al|lein	der	**A|ma|teur,** die Amateure
	allein lassen	die	**A|ma|teu|rin,**
	al|ler|dings		die Amateurinnen
die	**Al|ler|gie,** die Allergien	die	**Am|bu|lanz,** die Ambulanzen
	allergisch	die	**A|mei|se,** die Ameisen
	al|ler|hand		der Ameisenbär
	al|ler|lei		der Ameisenhaufen
	all|ge|mein		**A|me|ri|ka**
der	**Al|li|ga|tor,** die Alligatoren		amerikanisch
	all|mäh|lich	der	**A|mok**
der	**All|tag**		Amok laufen
	alltäglich	die	**Am|pel,** die Ampeln
	all|zu	die	**Am|sel,** die Amseln
	allzu gern	das	**Amt,** die Ämter
die	**Alm,** die Almen		
das	**Al|mo|sen,** die Almosen		**An**
die	**Al|pen**		**an**
	die Schweizer Alpen	die	**A|na|nas,** die Ananas
das	**Al|pha|bet,** die Alphabete		oder: Ananasse
	alphabetisch		**an|bau|en** → bauen
der	**Alp|traum,** die Alpträume		der Anbau

Anblick

der **An|blick,** die Anblicke
die **An|dacht**
andächtig
an|dau|ernd
das **An|den|ken,** die Andenken
an|de|re oder: andre,
anderer, anderes
alles andere
kein anderer
etwas anderes
an|de|rer|seits
än|dern, du änderst
die Änderung
an|ders
anders sein
jemand anders
der **An|drang**
an|dro|hen → drohen
die Androhung
an|ei|nan|der
aneinander legen
die **A|ne|mo|ne,** die Anemonen
die **An|er|ken|nung**
anerkennen
an|fah|ren → fahren
die Anfahrt
der **An|fall,** die Anfälle
anfällig

an|fan|gen, du fängst an,
er fing an, sie hat
angefangen
der Anfang
der Anfänger,
die Anfängerin
anfangs
der Anfangsbuchstabe
sich **an|freun|den,** du freundest
dich an
an|füh|ren → führen
der Anführer, die Anführerin
das Anführungszeichen
an|ge|ben, du gibst an,
er gab an, sie hat
angegeben
der Angeber, die Angeberin
angeberisch
an|geb|lich
das **An|ge|bot,** die Angebote
der **An|ge|hö|ri|ge,**
die Angehörigen
die **An|ge|hö|ri|ge,**
die Angehörigen
an|geln, du angelst
die Angel
der Angelhaken
der Angler, die Anglerin

die Angst

12

anstecken

an|ge|nehm
an|ge|spannt
der An|ge|stell|te,
die Angestellten
die An|ge|stell|te,
die Angestellten
die An|ge|wohn|heit,
die Angewohnheiten
sich angewöhnen
die An|gi|na
an|grei|fen, du greifst an, er
griff an, sie hat angegriffen
der Angreifer, die Angreiferin
der An|griff, die Angriffe
angriffslustig
die Angst, die Ängste
Angst haben
ängstlich
an|hal|ten → halten
der Anhalter, die Anhalterin
der An|hän|ger, die Anhänger
an|häng|lich
der An|ker, die Anker
vor Anker gehen
an|kla|gen → klagen
der Angeklagte,
die Angeklagte
an|kreu|zen, du kreuzt an
die An|kunft
die Ankunftszeit
die An|la|ge, die Anlagen
der An|lass, die Anlässe
anlässlich
an|las|sen, du lässt an,
er ließ an, sie hat
angelassen
der Anlasser

der An|lauf, die Anläufe
Anlauf nehmen
die An|ma|che
sich an|mel|den → melden
das Anmeldeformular
die Anmeldung
die An|nah|me, die Annahmen
annehmen
die An|non|ce, die Annoncen
annoncieren
der A|no|rak, die Anoraks
der An|pfiff
die An|re|de, die Anreden
an|ru|fen → rufen
der Anruf
der Anrufbeantworter
ans (an das)
bis ans Ende
an|sa|gen → sagen
der Ansager, die Ansagerin
an|schei|nend
an|schlie|ßend
der An|schluss, die Anschlüsse
sich an|schmie|gen, die Katze
schmiegt sich an
anschmiegsam
sich an|schnal|len, du schnallst
dich an
die An|schrift, die Anschriften
die An|sicht, die Ansichten
die Ansichtskarte
an|stän|dig
an|statt
an|ste|cken, du steckst an
sich anstecken
ansteckend
die Ansteckungsgefahr

13

anstiften

an|stif|ten, du stiftest an
der Anstifter, die Anstifterin
sich an|stren|gen, du strengst
dich an
anstrengend
die Anstrengung
die Ant|ark|tis
die An|ten|ne, die Antennen
an|tik
die Antike
die An|ti|lo|pe, die Antilopen
der An|trag, die Anträge
der An|trieb
die Ant|wort, die Antworten
antworten
an|wen|den, du wendest an,
er wandte an
oder: er wendete an,
sie hat angewandt
oder: sie hat angewendet
an|we|send
die Anwesenheit
die An|zahl
das An|zei|chen, die Anzeichen
die An|zei|ge, die Anzeigen
an|zie|hen, du ziehst an,
er zog an, sie hat
angezogen
sich anziehen
die Anziehungskraft
der An|zug, die Anzüge

Ap

der Ap|fel, die Äpfel
der Apfelbaum
das Apfelmus
der Apfelsaft

die Ap|fel|si|ne, die Apfelsinen
die A|po|the|ke, die Apotheken
der Apotheker,
die Apothekerin
der Ap|pa|rat, die Apparate
der Ap|pe|tit
appetitlich
appetitlos
der Ap|plaus
die A|pri|ko|se, die Aprikosen
der A|pril
der Aprilscherz
das Aprilwetter

Aqu

das A|qua|ri|um, die Aquarien
der Ä|qua|tor

Ar

die Ar|beit, die Arbeiten
arbeiten
der Arbeiter, die Arbeiterin
das Arbeitsamt
arbeitslos
die Arbeitslosigkeit
der Ar|chi|tekt, die Architekten
die Ar|chi|tek|tin,
die Architektinnen
Ar|gen|ti|ni|en
argentinisch
är|gern, du ärgerst ihn
sich ärgern
der Ärger
ärgerlich
das Ärgernis
das Ar|gu|ment, die Argumente
die Ark|tis

die Astronautin

arm, ärmer, am ärmsten
ärmlich
die Armut
Arm und Reich
der **Arm,** die Arme
die **Ar|ma|tur,** die Armaturen
das Armaturenbrett
der **Är|mel,** die Ärmel
ärmellos
das **A|ro|ma,** die Aromen
aromatisch
ar|ro|gant
die **Art,** die Arten
die Art und Weise
der **Ar|ti|kel,** die Artikel
die **Ar|ti|scho|cke,**
die Artischocken
der **Ar|tist,** die Artisten
die **Ar|tis|tin,** die Artistinnen
der **Arzt,** die Ärzte
die **Ärz|tin,** die Ärztinnen

As

der **As|best**
asbestverseucht
die **A|sche**
A|si|en
asiatisch

Attest

der **As|phalt**
asphaltieren
das **Ass,** die Asse
der **Ast,** die Äste
die Astgabel
die **As|ter,** die Astern
das **Asth|ma**
der Asthmaanfall
ast|rein
der **As|tro|naut,** die Astronauten
die **As|tro|nau|tin,**
die Astronautinnen
das **A|syl**
der Asylantrag

At

das **A|te|lier,** die Ateliers
der **A|tem**
außer Atem sein
atemlos
der **Ath|let,** die Athleten
die **Ath|le|tin,** die Athletinnen
der **At|lan|tik**
der Atlantische Ozean
der **At|las,** die Atlasse
oder: Atlanten
at|men, du atmest
die Atmung
die **At|mos|phä|re**
das **A|tom,** die Atome
die Atomenergie
das Atomkraftwerk
das **At|ten|tat,** die Attentate
der Attentäter,
die Attentäterin
das **At|test,** die Atteste

15

a

attraktiv

at|trak|tiv
ät|zend

Au

die Au|ber|gi|ne,
die Auberginen
auch
auf
auf einmal
auf und ab
auf und davon
auf|be|wah|ren,
du bewahrst auf
auf|brau|send
auf|dring|lich
auf|ei|nan|der
aufeinander hören
aufeinander legen
der Auf|ent|halt, die Aufenthalte
die Aufenthalts-
genehmigung
auf|fah|ren → fahren
die Auffahrt
der Auffahrunfall

auf|fal|len, du fällst auf,
er fiel auf, sie ist aufgefallen
auffallend
auffällig
auf|for|dern → fordern
die Aufforderung
auf|füh|ren, du führst auf
die Aufführung
die Auf|ga|be, die Aufgaben
der Auf|gang, die Aufgänge
auf|ge|ben, du gibst auf,
er gab auf, sie hat
aufgegeben
auf|ge|kratzt
auf|ge|räumt
auf|ge|regt
auf|hän|gen, du hängst auf
der Aufhänger
auf|hö|ren, du hörst auf
die Auf|klä|rung
aufklären
aufgeklärt
auf|kle|ben → kleben
der Aufkleber
die Auf|lö|sung,
die Auflösungen
auf|merk|sam
die Aufmerksamkeit
die Auf|nah|me, die Aufnahmen
die Aufnahmeprüfung
auf|pas|sen, du passt auf
auf|pral|len → prallen
der Aufprall
auf|räu|men, du räumst auf

aufregend

auseinander

	auf|recht
	aufrecht sitzen
	auf|re|gen, du regst mich auf
	sich aufregen
	aufgeregt
	aufregend
	die Aufregung
der	**Auf|ruhr**
	aufs (auf das)
	auf|säs|sig
der	**Auf|satz,** die Aufsätze
der	**Auf|schnitt**
der	**Auf|schub,** die Aufschübe
das	**Auf|se|hen**
	Aufsehen erregen
die	**Auf|sicht**
	auf|sta|cheln,
	du stachelst auf
der	**Auf|stand,** die Aufstände
der	**Auf|stieg**
	auf|tei|len → teilen
	die Aufteilung
der	**Auf|trag,** die Aufträge
	auf|tre|ten, du trittst auf,
	er trat auf, sie ist aufgetreten
der	**Auf|trieb**
der	**Auf|tritt,** die Auftritte
der	**Auf|wand**
	aufwändig oder: aufwendig
	auf|wärts
	aufwärts fahren
	Auf Wie|der|se|hen!
	auf|zäh|len, du zählst auf
	die Aufzählung
	auf|zeich|nen,
	du zeichnest auf
	die Aufzeichnung
der	**Auf|zug,** die Aufzüge
das	**Au|ge,** die Augen
	der Augapfel
	die Augenbraue
	das Augenlid
	augenzwinkernd
der	**Au|gen|blick,**
	die Augenblicke
	augenblicklich
der	**Au|gust**
die	**Auk|ti|on,** die Auktionen
	aus
	aus|bes|sern,
	du besserst aus
die	**Aus|beu|tung**
	ausbeuten
die	**Aus|bil|dung,**
	die Ausbildungen
	ausbilden
	der Auszubildende,
	die Auszubildende
der	**Aus|blick,** die Ausblicke
	aus|bre|chen, du brichst aus,
	er brach aus, sie ist
	ausgebrochen
	der Ausbrecher,
	die Ausbrecherin
der	**Aus|bruch,** die Ausbrüche
die	**Aus|dau|er**
	ausdauernd
der	**Aus|druck,** die Ausdrücke
	ausdrücken
	ausdrücklich
	ausdrucksvoll
	aus|ei|nan|der
	auseinander gehen
	die Auseinandersetzung

17

Ausfahrt

die **Aus|fahrt,** die Ausfahrten
aus|fal|len, die Stunde fällt aus, sie fiel aus, sie ist ausgefallen
aus|flip|pen,
du flippst aus
der **Aus|flug,** die Ausflüge
das Ausflugziel
aus|führ|lich
die **Aus|ga|be,** die Ausgaben
der **Aus|gang,** die Ausgänge
aus|ge|fal|len
aus|ge|rech|net
aus|ge|stopft
aus|ge|wach|sen
aus|ge|zeich|net
aus|gie|big
die **Aus|gra|bung,** die Ausgrabungen
der **Aus|guss,** die Ausgüsse
die **Aus|kunft,** die Auskünfte
das **Aus|land**
der Ausländer,
die Ausländerin
ausländisch
aus|las|sen, du lässt aus, er ließ aus, sie hat ausgelassen
der **Aus|laut,** die Auslaute
aus|lee|ren, du leerst aus
aus|lei|hen → leihen
die Ausleihe
die **Aus|lo|sung,** die Auslosungen
auslosen
die **Aus|nah|me,** die Ausnahmen
ausnahmsweise

der **Aus|puff,** die Auspuffe
aus|ras|ten, du rastest aus
die **Aus|re|de,** die Ausreden
aus|rei|chend
die **Aus|rei|se**
aus|rei|ßen, du reißt aus, er riss aus, sie ist ausgerissen
der Ausreißer,
die Ausreißerin
der **Aus|ritt,** die Ausritte
aus|ru|fen → rufen
der Ausruf
der Ausrufesatz
das Ausrufezeichen
sich **aus|ru|hen,** du ruhst dich aus
ausgeruht
die **Aus|rüs|tung,** die Ausrüstungen
die **Aus|saat**
aussäen
die **Aus|sa|ge,** die Aussagen
aussagen
der Aussagesatz
aus|schei|den, du scheidest aus, er schied aus, sie ist ausgeschieden
oder: sie hat ausgeschieden
die Ausscheidung
der **Aus|schlag,** die Ausschläge
aus|schlie|ßen, du schließt aus, er schloss aus, sie hat ausgeschlossen
sich ausschließen
der **Aus|schnitt,** die Ausschnitte
aus|se|hen → sehen
das Aussehen

18

Auszug

au|ßen
von außen
der Außenseiter,
die Außenseiterin
au|ßer
außerdem
außergewöhnlich
außerhalb
außerirdisch
äu|ßer|lich
sich **äu|ßern,** du äußerst dich
die Äußerung
die **Aus|sicht,** die Aussichten
aussichtslos
der **Aus|sied|ler,** die Aussiedler
die **Aus|sied|le|rin,**
die Aussiedlerinnen
die **Aus|spra|che,**
die Aussprachen
die **Aus|stat|tung,**
die Ausstattungen
aus|stei|gen → steigen
der Aussteiger,
die Aussteigerin

die **Aus|stel|lung,**
die Ausstellungen
ausstellen
Aus|tra|li|en
australisch
aus|trick|sen,
du trickst aus
der **Aus|ver|kauf**
ausverkauft
aus|wäh|len → wählen
die Auswahl
aus|wan|dern,
du wanderst aus
der Auswanderer,
die Auswanderin
aus|wärts
das Auswärtsspiel
aus|wech|seln → wechseln
die Auswechslung
der **Aus|weg,** die Auswege
ausweglos
der **Aus|weis,** die Ausweise
die Ausweiskontrolle
aus|wen|dig
auswendig lernen
aus|wer|ten, du wertest aus
die Auswertung
die **Aus|wir|kung,**
die Auswirkungen
die **Aus|zah|lung,**
die Auszahlungen
die **Aus|zeich|nung,**
die Auszeichnungen
aus|zie|hen, du ziehst aus, er
zog aus, sie ist ausgezogen
sich ausziehen
der **Aus|zug,** die Auszüge

ausgefallen

Au
Auto

das **Au|to,** die Autos
Auto fahren
die Autobahn
der Autounfall
das **Au|to|gramm,**
die Autogramme
der **Au|to|mat,** die Automaten
automatisch
der **Au|tor,** die Autoren
die **Au|to|rin,** die Autorinnen

Av
die **A|vo|ca|do,** die Avocados

Ax
die **Axt,** die Äxte

Ba
das **Ba|by,** die Babys 💬❗
der **Bach,** die Bäche
die **Ba|cke,** die Backen
der Backenzahn
ba|cken, du backst
oder: du bäckst
der Bäcker, die Bäckerin
die Bäckerei
der Backofen
das **Bad,** die Bäder
der Badeanzug
die Badehose
baden
die Badewanne
das Badezimmer

Ba|den-Würt|tem|berg
der **Bag|ger,** die Bagger
baggern
der Baggersee
die **Ba|guette** oder:
das Baguette, die Baguettes
die **Bahn,** die Bahnen
der Bahnhof
die Bahnschranke
der Bahnsteig
die **Bah|re,** die Bahren
die **Bak|te|rie,** die Bakterien
ba|lan|cie|ren, du balancierst
die Balance
bald
der **Bal|ken,** die Balken
der **Bal|kon,** die Balkons
oder: Balkone
der **Ball,** die Bälle
Ball spielen
das Ballspiel
das **Bal|lett**
der Balletttänzer,
die Balletttänzerin
der **Bal|lon,** die Ballons
oder: Ballone
die Ballonfahrt
der **Bam|bus**
die **Ba|na|ne,** die Bananen
das **Band** (zum Binden),
die Bänder
der **Band** (Buch), die Bände
die **Band** (Musikgruppe), 💬❗
die Bands
die **Ban|de,** die Banden
bän|di|gen, du bändigst
der **Ban|dit,** die Banditen

20

Bedingung

die	**Bank** (Sitzgelegenheit), die Bänke	der	**Bauch,** die Bäuche
die	**Bank** (Geldinstitut), die Banken		bäuchlings
	das Bankkonto		der Bauchnabel
	der Banküberfall		die Bauchspeicheldrüse
	bar		das Bauchweh
	bar bezahlen		**bau|en,** du baust
	das Bargeld		baufällig
die	**Bar,** die Bars	der	**Bau|er,** die Bauern
der	**Bär,** die Bären		das Bauernbrot
	der Bärenhunger		der Bauernhof
	bärenstark	die	**Bäu|e|rin,** die Bäuerinnen
	bar|fuß	der	**Baum,** die Bäume
	barm|her|zig		die Baumkrone
die	**Bar Miz|wa**		der Baumstamm
das	**Ba|ro|me|ter,** die Barometer		**bau|meln,** du baumelst
der	**Bar|ren,** die Barren	die	**Baum|wol|le**
der	**Barsch,** die Barsche		**Bay|ern**
der	**Bart,** die Bärte	die	**Ba|zil|le,** die Bazillen
	bärtig		
der	**Ba|sar,** die Basare		**Be**
das	**Ba|si|li|kum**		**be|ach|ten,** du beachtest
der	**Bas|ket|ball,** die Basketbälle	der	**Be|am|te,** die Beamten
	Basketball spielen	die	**Be|am|tin,** die Beamtinnen
der	**Bass,** die Bässe		**be|at|men** → atmen
der	**Bast**		die Beatmung
	bas|teln, du bastelst		**be|ben,** die Erde bebt
	die Bastelei	der	**Be|cher,** die Becher
die	**Ba|tik,** die Batiken	das	**Be|cken,** die Becken
	batiken		**be|däch|tig**
die	**Bat|te|rie,** die Batterien		**be|dau|ern,** du bedauerst
der	**Bau** (Tierhöhle), die Baue		bedauerlich
der	**Bau** (Gebäude), die Bauten	die	**Be|deu|tung,** die Bedeutungen
	der Bauarbeiter, die Bauarbeiterin		bedeuten bedeutend
	die Baustelle	die	**Be|din|gung,** die Bedingungen

21

bedrohen

behaglich

be|dro|hen → drohen
bedrohlich
die Bedrohung
das **Be|dürf|nis,** die Bedürfnisse
be|ein|flus|sen,
du beeinflusst
be|en|den, du beendest
die **Be|er|di|gung,**
die Beerdigungen
beerdigen
die **Bee|re,** die Beeren
das **Beet,** die Beete
be|feh|len, du befiehlst,
er befahl, sie hat befohlen
der Befehl
be|fes|ti|gen, du befestigst
be|för|dern, du beförderst
die Beförderung
be|frei|en, du befreist
sich befreien
die Befreiung
be|freun|det
be|frie|di|gend
be|fruch|ten, das Ei
wird befruchtet
die Befruchtung
be|gabt
die Begabung

be|geg|nen, du begegnest
die Begegnung
be|geis|tert
sich begeistern
die Begeisterung
be|gin|nen, du beginnst,
er begann, sie hat
begonnen
der Beginn
be|glei|ten, du begleitest
der Begleiter,
die Begleiterin
be|gra|ben → graben
das Begräbnis
be|grei|fen, du begreifst,
er begriff, sie hat begriffen
der **Be|griff,** die Begriffe
be|grün|den, du begründest
die Begründung
be|grü|ßen, du begrüßt
die Begrüßung
be|haart
be|hag|lich
be|hal|ten, du behältst,
er behielt, sie hat behalten
der **Be|häl|ter,** die Behälter
be|han|deln, du behandelst
die Behandlung

benutzen

be|haup|ten, du behauptest
die Behauptung
be|herr|schen → herrschen
sich beherrschen
die Beherrschung
be|hilf|lich
be|hin|dert
der Behinderte,
die Behinderte
die Behinderung
die Be|hör|de, die Behörden
be|hut|sam
bei
die Beich|te, die Beichten
beichten
bei|de, beides
alle beide
bei|ei|nan|der
der Bei|fah|rer, die Beifahrer
die Bei|fah|re|rin,
die Beifahrerinnen
der Bei|fall
Beifall klatschen
das Beil, die Beile
beim (bei dem)
beim Spielen
das Bein, die Beine
bei|nah oder: beinahe
bei|sam|men
bei|sei|te
das Bei|spiel, die Beispiele
zum Beispiel (z. B.)
bei|ßen, du beißt, er biss,
sie hat gebissen
die Beißzange
be|kannt
die Bekanntschaft

die Be|klei|dung
be|kom|men, du bekommst,
er bekam, sie hat
bekommen
der Be|lag, die Beläge
die Be|läs|ti|gung,
die Belästigungen
belästigen
be|lei|di|gen, du beleidigst
beleidigt
die Beleidigung
die Be|leuch|tung
Bel|gi|en
belgisch
be|liebt
bel|len, der Hund bellt
be|loh|nen, du belohnst
die Belohnung
be|ma|len → malen
die Bemalung
be|mer|ken → merken
die Bemerkung
sich be|mü|hen, du bemühst dich
be|nach|rich|ti|gen,
du benachrichtigst
die Benachrichtigung
sich be|neh|men, du benimmst
dich, er benahm sich,
sie hat sich benommen
be|nei|den, du beneidest
beneidenswert
be|nö|ti|gen, du benötigst
die Be|no|tung, die Benotungen
benoten
be|nut|zen oder: benützen,
du benutzt oder: du benützt
die Benutzung

23

Benzin

das **Ben|zin**
der Benzinkanister
be|o|bach|ten,
du beobachtest
die Beobachtung
be|quem
die Bequemlichkeit
be|ra|ten → raten
der Berater, die Beraterin
die Beratung
der **Be|reich,** die Bereiche
be|reit
bereit sein
be|reits
die **Be|reit|schaft**
be|reu|en, du bereust
der **Berg,** die Berge
bergab
bergauf
der Bergsteiger,
die Bergsteigerin
das Bergwerk
be|rich|ten, du berichtest
der Bericht
be|rich|ti|gen, du berichtigst
die Berichtigung
Ber|lin
be|rück|sich|ti|gen,
du berücksichtigst
der **Be|ruf,** die Berufe
beruflich
berufstätig
be|ru|hi|gen, du beruhigst
sich beruhigen
be|rühmt
be|rüh|ren, du berührst
die Berührung

be|schä|di|gen,
du beschädigst
beschädigt
sich **be|schäf|tigen,**
du beschäftigst dich
beschäftigt
die Beschäftigung
der **Be|scheid,** die Bescheide
Bescheid sagen
be|schei|den
die Bescheidenheit
die **Be|schei|ni|gung,**
die Bescheinigungen
die **Be|sche|rung,**
die Bescherungen
be|schimp|fen → schimpfen
die Beschimpfung
be|schleu|ni|gen,
du beschleunigst
die Beschleunigung
be|schlie|ßen, du beschließt,
er beschloss, sie hat
beschlossen
der **Be|schluss,** die Beschlüsse
be|schrei|ben,
du beschreibst,
er beschrieb, sie hat
beschrieben
die Beschreibung
be|schul|di|gen,
du beschuldigst
die Beschuldigung
sich **be|schwe|ren,**
du beschwerst dich
die Beschwerde
der **Be|sen,** die Besen
be|setzt

Betrag

be|sich|ti|gen, du besichtigst
die Besichtigung
sich **be|sin|nen,** du besinnst dich
er besann sich, sie hat
sich besonnen
besinnungslos
be|sit|zen, du besitzt,
er besaß, sie hat besessen
der Besitz
der Besitzer, die Besitzerin
be|son|ders
be|sor|gen, du besorgst
die Besorgung
be|sorgt
bes|ser → gut
der Besserwisser,
die Besserwisserin
die **Be|stä|ti|gung,**
die Bestätigungen
bestätigen
die **Be|stäu|bung,**
die Bestäubungen
bestäuben

be|ste|chen, du bestichst,
er bestach, sie hat
bestochen
bestechlich
die Bestechung
das **Be|steck,** die Bestecke
be|ste|hen, du bestehst,
er bestand, sie hat
bestanden
be|stel|len, du bestellst
die Bestellung
die **Bes|tie,** die Bestien
be|stim|men, du bestimmst
be|stimmt
be|stra|fen, du bestrafst
die Bestrafung
die **Be|strah|lung,**
die Bestrahlungen
bestrahlen
be|su|chen, du besuchst
der Besuch
der Besucher,
die Besucherin
die Besuchszeit
die **Be|täu|bung**
betäuben
betäubt
sich **be|tei|li|gen,**
du beteiligst dich
die Beteiligung
be|ten, du betest
der **Be|ton**
betonieren
be|to|nen, du betonst
die Betonung
be|trach|ten, du betrachtest
der **Be|trag,** die Beträge

besetzt

25

betreuen

be|treu|en, du betreust
der Betreuer, die Betreuerin
die Betreuung
der **Be|trieb,** die Betriebe
das Betriebssystem
be|trof|fen
be|trü|gen, du betrügst,
er betrog, sie hat betrogen
der Betrug
der Betrüger, die Betrügerin
be|trun|ken
der Betrunkene,
die Betrunkene
das **Bett,** die Betten
bet|teln, du bettelst
der Bettler, die Bettlerin
die **Beu|le,** die Beulen
be|ur|tei|len, du beurteilst
die Beurteilung
die **Beu|te**
der **Beu|tel,** die Beutel
das Beuteltier
die **Be|völ|ke|rung**
be|vor
be|vor|zu|gen, du bevorzugst
be|waff|net
be|wäs|sern, du bewässerst
das Feld
die Bewässerung

be|we|gen, du bewegst
sich bewegen
beweglich
die Bewegung
bewegungslos
be|wei|sen, du beweist,
er bewies, sie hat bewiesen
der Beweis
sich **be|wer|ben,** du bewirbst
dich, er bewarb sich,
sie hat sich beworben
die Bewerbung
die **Be|wer|tung,**
die Bewertungen
bewerten
be|wir|ten, du bewirtest
be|woh|nen → wohnen
der Bewohner,
die Bewohnerin
die **Be|wöl|kung**
bewölkt
be|wun|dern, du bewunderst
die Bewunderung
be|wusst
bewusstlos
das Bewusstsein
be|zah|len → zahlen
die Bezahlung
be|zau|bernd

Blase

die Blamage

die	**Be|zeich|nung,**
	die Bezeichnungen
	bezeichnen
der	**Be|zirk,** die Bezirke
der	**Be|zug,** die Bezüge

Bi

die	**Bi|bel,** die Bibeln
der	**Bi|ber,** die Biber
die	**Bi|bli|o|thek,**
	die Bibliotheken
	bie|gen, du biegst, er bog,
	sie hat gebogen
	biegsam
	die Biegung
die	**Bie|ne,** die Bienen
	der Bienenstich
	der Bienenstock
das	**Bier,** die Biere
das	**Biest,** die Biester
	bie|ten, du bietest, er bot,
	sie hat geboten
der	**Bi|ki|ni,** die Bikinis
das	**Bild,** die Bilder
	der Bildhauer,
	die Bildhauerin
	bil|den, du bildest
	sich bilden
	die Bildung

	bil|lig
ich	**bin** → sein
	bin|den, du bindest,
	er band, sie hat gebunden
	die Binde
	der Bindestrich
	der Bindfaden
	die Bindung
die	**Bi|o|lo|gie**
	biologisch
die	**Bir|ke,** die Birken
die	**Bir|ne,** die Birnen
	bis
	bis jetzt
	bisher
der	**Bi|schof,** die Bischöfe
die	**Bi|schö|fin,** die Bischöfinnen
der	**Biss,** die Bisse
	bissig
	die Bisswunde
ein	**biss|chen**
du	**bist** → sein
das	**Bit,** die Bits
	bit|ten, du bittest, er bat,
	sie hat gebeten
	die Bitte
	bit|ter
	bitterböse
	bitterkalt

Bl

	bla|mie|ren, du blamierst ihn
	sich blamieren
	die Blamage
	blank
die	**Bla|se,** die Blasen
	das Bläschen

blasen

bla|sen, du bläst, er blies,
sie hat geblasen
das Blasinstrument
blass
blassrosa
die Blässe
das **Blatt,** die Blätter
blättern
der Blätterteig
blau
die Farbe Blau
blauäugig
die Blaubeere
bläulich
das Blaulicht
das **Blech,** die Bleche
der Blechschaden
das **Blei**
bleifrei
bleischwer
blei|ben, du bleibst, er blieb,
sie ist geblieben
bleich
das Bleichgesicht
der **Blei|stift,** die Bleistifte
blen|den, das Licht blendet
die Blende
die **Bles|se,** die Blessen
bli|cken, du blickst
der Blick
die Blickrichtung
blind
der Blinde, die Blinde
der **Blind|darm**
die Blinddarmentzündung
die **Blind|schlei|che,**
die Blindschleichen

bohren

blin|ken, du blinkst
der Blinker
das Blinklicht
blin|zeln, du blinzelst
der **Blitz,** die Blitze
der Blitzableiter
blitzen
das Blitzlicht
blitzschnell
der **Block** (Felsblock),
die Blöcke
der **Block** (Schreibblock),
die Blocks oder: Blöcke
blo|ckie|ren, du blockierst
die Blockade
blöd oder: blöde
der Blödsinn
blödsinnig
blond
bloß
blub|bern, das Wasser
blubbert
blü|hen, die Blume blüht
blühend

28

Brauerei

die **Blu|me,** die Blumen
das Blumenbeet
der Blumenkohl
der Blumenstrauß
die **Blu|se,** die Blusen
blu|ten, du blutest
das Blut
der Blutdruck
das Blutgefäß
blutig
der Blutkreislauf
die Blutvergiftung
die **Blü|te,** die Blüten

Bo

der **Bob,** die Bobs
die Bobbahn
der **Bock,** die Böcke
bockig
die **Bock|wurst,** die Bockwürste
der **Bo|den,** die Böden
der **Bo|gen,** die Bogen
oder: Bögen
die **Boh|ne,** die Bohnen
boh|ren, du bohrst
der Bohrer
die Bohrmaschine
der **Boi|ler,** die Boiler 💬❗
die **Bo|je,** die Bojen
die **Bom|be,** die Bomben
bombardieren
der **Bon,** die Bons 💬❗
das **Bon|bon** 💬❗
oder: der Bonbon,
die Bonbons
das **Boot,** die Boote
an **Bord** gehen

der **Bord|stein,** die Bordsteine
bor|gen, du borgst
die **Bör|se,** die Börsen
die **Bors|te,** die Borsten
die **Bö|schung,** die Böschungen
bö|se oder: bös
bösartig
der Bösewicht
boshaft
die Bosheit
Bos|ni|en-Her|ze|go|wi|na
bosnisch
der **Boss,** die Bosse
der **Bo|te,** die Boten
die **Bo|tin,** die Botinnen
die **Bou|tique,** die Boutiquen 💬❗
die **Box,** die Boxen
bo|xen, du boxt
der Boxer, die Boxerin
der Boxkampf
der **Boy,** die Boys 💬❗

Br

der **Brand,** die Brände
die Brandstiftung
Bran|den|burg
die **Bran|dung**
Bra|si|li|en
brasilianisch
bra|ten, du brätst, er briet,
sie hat gebraten
der Braten
die Bratkartoffeln
der **Brauch,** die Bräuche
brau|chen, du brauchst
brauchbar
die **Brau|e|rei,** die Brauereien

29

braun

braun
die Brau|se
die Braut, die Bräute
das Brautkleid
das Brautpaar
der Bräu|ti|gam, die Bräutigame
brav
bre|chen, du brichst,
er brach, sie hat gebrochen
der Brei, die Breie
breiig
breit
die Breite
der Breitengrad
Bre|men
brem|sen, du bremst
die Bremse
das Bremspedal
die Bremsspur
bren|nen, das Feuer brennt,
es brannte, es hat gebrannt
brennbar
die Brenn|nes|sel,
die Brennnesseln
das Brett, die Bretter
die Bre|zel, die Brezeln

der Brief, die Briefe
der Brieffreund,
die Brieffreundin
der Briefkasten
die Briefmarke
der Briefträger,
die Briefträgerin
der Bril|lant, die Brillanten
die Bril|le, die Brillen
das Brillenetui
brin|gen, du bringst,
er brachte, sie hat gebracht
die Bri|se, die Brisen
der Bro|cken, die Brocken
bröckelig oder: bröcklig
bröckeln
bro|deln, das Wasser
brodelt
die Brom|bee|re,
die Brombeeren
die Bron|chi|tis
die Bronchien
die Bron|ze
die Bronzemedaille
die Bro|sche, die Broschen

brav

Bund

die **Bro|schü|re,** die Broschüren
der **Brö|sel,** die Brösel
das **Brot,** die Brote
    das Brötchen
    der Brotkrümel
der **Bruch,** die Brüche
    brüchig
    die Bruchlandung
die **Brü|cke,** die Brücken
der **Bru|der,** die Brüder
    brüderlich
die **Brü|he,** die Brühen
    brühen
    der Brühwürfel
    brül|len, du brüllst
    brum|men, du brummst
    der Brummer
der **Brun|nen,** die Brunnen
die **Brust,** die Brüste
    das Brustschwimmen
    die Brustwarze
    brü|ten, die Henne brütet
    die Brut
    der Brutkasten
    bru|tal
    die Brutalität
    brut|zeln, das Fett brutzelt

Bu

der **Bub** oder: Bube, die Buben
das **Buch,** die Bücher
    die Bücherei
    die Buchhandlung
die **Bu|che,** die Buchen
    die Buchecker
die **Büch|se,** die Büchsen
    der Büchsenöffner
der **Buch|sta|be,** die Buchstaben
    buchstabieren
die **Bucht,** die Buchten
der **Bu|ckel,** die Buckel
    buckelig oder: bucklig
sich **bü|cken,** du bückst dich
    bud|deln, du buddelst
der **Bud|dhis|mus**
    Buddha
    buddhistisch
die **Bu|de,** die Buden
der **Büf|fel,** die Büffel
    die Büffelherde
der **Bü|gel,** die Bügel
    bü|geln, du bügelst
    das Bügeleisen
der **Bug|gy,** die Buggys
die **Büh|ne,** die Bühnen
    Bul|ga|ri|en
    bulgarisch
der **Bul|le,** die Bullen
der **Bu|me|rang,** die Bumerangs
    oder: Bumerange
    bum|meln, du bummelst
das **Bund** (Gebundenes),
    die Bunde
    das Bund Petersilie
der **Bund** (Vereinigung),
    die Bünde
    der Bundeskanzler,
    die Bundeskanzlerin
    das Bundesland
    die Bundesliga
    der Bundespräsident,
    die Bundespräsidentin
    die Bundesrepublik
    Deutschland

Bündel

das **Bün|del,** die Bündel
bündeln
das **Bünd|nis,** die Bündnisse
bunt
bunt gestreift
das Buntpapier
der Buntstift
die **Burg,** die Burgen
der Burggraben
der **Bur|ger,** die Burger ⤸❗
der **Bür|ger,** die Bürger
der Bürgermeister,
die Bürgermeisterin
der Bürgersteig
die **Bür|ge|rin,** die Bürgerinnen
das **Bü|ro,** die Büros
der **Bur|sche,** die Burschen
die **Bürs|te,** die Bürsten
bürsten
der **Bus,** die Busse
der Busfahrer,
die Busfahrerin
die Bushaltestelle
die Buslinie
der **Busch,** die Büsche
buschig
das **Bü|schel,** die Büschel
der **Bu|sen,** die Busen
der **Bus|sard,** die Bussarde
bü|ßen, du büßt
die Buße
das Bußgeld
die **But|ter**
butterweich
die **But|ter|blu|me,**
die Butterblumen
der **But|ton,** die Buttons ⤸❗

Ca

das **Ca|brio,** die Cabrios
das **Ca|fé,** die Cafés
cam|pen, du campst ⤸❗
der Campingplatz
der **Ca|ra|van,** die Caravans
cat|chen, du catchst ⤸❗
der Catcher

Cd

die **CD,** die CDs
die Compactdisc
oder: Compact Disc
der CD-Player

Ce

das **Cel|lo,** die Cellos oder: Celli
Cel|si|us
10 Grad Celsius (10 °C)
der **Cent,** die Cents
das **Cen|ter,** die Center

Ch

das **Cha|mä|le|on,**
die Chamäleons
der **Cham|pig|non,**
die Champignons
der **Cham|pi|on,** die Champions ⤸
die **Chan|ce,** die Chancen ⤸❗
das **Cha|os**
chaotisch
der **Cha|rak|ter,** die Charaktere
die **Charts**

32

dabei

che|cken, du checkst
der **Chef,** die Chefs
die **Che|fin,** die Chefinnen
die **Che|mie**
    der Chemiker,
    die Chemikerin
    chemisch
    chic
der **Chi|co|ree,** die Chicorees
    Chi|na
    chinesisch
der **Chip,** die Chips
der **Chi|rurg,** die Chirurgen
die **Chi|rur|gin,** die Chirurginnen
das **Chlor**
der **Chor,** die Chöre
das **Chris|ten|tum**
    der Christ, die Christin
    der Christbaum
    das Christkind
    christlich

Ci
die **Ci|ty,** die Citys

Cl
    cle|ver
die **Cli|que,** die Cliquen
der **Clown,** die Clowns
der **Club,** die Clubs

Co
das **Cock|pit,** die Cockpits
der **Code,** die Codes
die **Co|la** oder: das Cola, die Colas
der **Colt,** die Colts

der **Co|mic,** die Comics
der **Com|pu|ter,** die Computer
der **Con|tai|ner,** die Container
    cool
die **Corn|flakes**
die **Couch,** die Couchs
    oder: Couchen
der **Count-down**
    oder: Countdown,
    die Count-downs
    oder: Countdowns
das **Cous|cous**
    oder: der Couscous
der **Cou|sin,** die Cousins
die **Cou|si|ne,** die Cousinen
der **Cow|boy,** die Cowboys
das **Cow|girl,** die Cowgirls

Cr
die **Creme,** die Cremes
    cremig
das **Crois|sant,** die Croissants

Cu
der **Cur|ry** oder: das Curry
    die Currywurst
der **Cur|sor,** die Cursor

Da
    da
    da sein
    dableiben
    da|bei

Dach

das **Dach,** die Dächer
der Dachdecker,
die Dachdeckerin
der **Dachs,** die Dachse
da|durch
da|für
da|ge|gen
da|heim
da|her
da|hin
da|hin|ten
da|hin|ter
dahinter stecken
die **Dah|lie,** die Dahlien
da|mals
die **Da|me,** die Damen
da|mit
der **Damm,** die Dämme
die **Däm|me|rung**
dämmerig oder: dämmrig
der **Dampf,** die Dämpfe
dampfen
der Dampfer
die Dampfmaschine
da|nach
da|ne|ben
Dä|ne|mark
dänisch
Dan|ke!
dankbar
danken
das Dankeschön
dann
da|ran
daran denken
da|rauf
daraufhin

da|raus
da|rin
der **Darm,** die Därme
dar|stel|len, du stellst dar
die Darstellung
das **Darts**
da|rü|ber
da|rum
da|run|ter
darunter liegen
das
das Auto
dass
Ich weiß, dass ...
das|sel|be
die **Da|tei,** die Dateien
der **Da|tiv**
die **Dat|tel,** die Datteln
das **Da|tum,** die Daten
dau|ern, es dauert
dauernd
die Dauerwelle
der **Dau|men,** die Daumen
da|von
das kommt davon
er ist davongekommen
da|vor
da|zu
dazugehören
da|zwi|schen

De

das **Deck,** die Decks
die **De|cke,** die Decken
in Deckung gehen
das Deckweiß
der **De|ckel,** die Deckel

34

Detektivin

dehnbar

def|tig
deh|nen, du dehnst
dehnbar
die Dehnung
der **Deich,** die Deiche
der Deichbruch
die **Deich|sel,** die Deichseln
dein, deine, deiner
deinetwegen
de|ko|rie|ren, du dekorierst
die Dekoration
der **Del|fin,** die Delfine
die **De|li|ka|tes|se,**
die Delikatessen
der **Del|phin,** die Delphine
dem
neben dem Haus
dem|nächst
die **De|mo|kra|tie,**
die Demokratien
demokratisch
de|mons|trie|ren,
du demonstrierst
die Demo
die Demonstration
de|mü|tig
den
den Schirm öffnen
de|nen
bei denen

den|ken, du denkst,
er dachte, sie hat gedacht
denkfaul
der Denkzettel
das **Denk|mal,** die Denkmäler
denn
mehr denn je
den|noch
das **Deo,** die Deos
das Deodorant
der
der Mond
derb
de|ren
Kinder, deren
Mütter schimpfen, ...
der|sel|be
des
das Buch des Jungen
des|halb
des|sen
der Vogel, dessen
Schnabel rot ist, ...
das **Des|sert,** die Desserts
des|to
je eher, desto besser
des|we|gen
der **De|tek|tiv,** die Detektive
die **De|tek|ti|vin,**
die Detektivinnen

35

deuten

    deu|ten, du deutest
    deutlich
    die Deutung
    Deutsch|land
    deutsch
    Deutsch lernen
    der Deutschunterricht
der **De|zem|ber**

Di

das **Dia,** die Dias
    der Diaprojektor
der **Di|a|be|ti|ker,** die Diabetiker
die **Di|a|be|ti|ke|rin,**
    die Diabetikerinnen
    di|a|go|nal
der **Di|a|lekt,** die Dialekte
der **Di|a|mant,** die Diamanten
die **Di|ät,** die Diäten
    dich
    ich liebe dich
    dicht
    dicht gedrängt
    die Dichtung
    dich|ten, du dichtest
    der Dichter, die Dichterin
    dick
    durch dick und dünn
    das Dickicht
    der Dickkopf
    die
    die Sonne
der **Dieb,** die Diebe
    der Diebstahl
die **Die|bin,** die Diebinnen
die **Die|le,** die Dielen
    die|nen, du dienst

der **Dienst,** die Dienste
der **Diens|tag,** die Dienstage
    am Dienstag
    am Dienstagabend
    dienstags
    dies
    diesmal
der **Die|sel**
    der Dieselmotor
    die|sel|be
    die|se, dieser, dieses
    die|sig
die **Dif|fe|renz,** die Differenzen
    di|gi|tal
    die Digitaluhr
das **Dik|tat,** die Diktate
    diktieren
die **Dik|ta|tur,** die Diktaturen
    der Diktator, die Diktatorin
das **Ding,** die Dinge
der **Din|kel**
der **Di|no|sau|ri|er,**
    die Dinosaurier
das **Di|plom,** die Diplome
    dir
    ich schreibe dir
    di|rekt
der **Di|rek|tor,** die Direktoren
die **Di|rek|to|rin,**
    die Direktorinnen
    di|ri|gie|ren, du dirigierst
    der Dirigent, die Dirigentin
das **Dirndl,** die Dirndln
die **Dis|co,** die Discos
    die Discothek
    der Discjockey (DJ)
die **Dis|ket|te,** die Disketten

dort

die **Dis|ko,** die Diskos
die Diskothek
der Diskjockey (DJ)
die **Dis|kus|si|on,**
die Diskussionen
diskutieren
das **Dis|play,** die Displays
dis|qua|li|fi|zie|ren, der Läufer wird disqualifiziert
die **Dis|tanz,** die Distanzen
die **Dis|tel,** die Disteln
die **Dis|zi|plin**
diszipliniert
di|vi|die|ren, du dividierst
die Division

Do
doch
der **Docht,** die Dochte
der **Dok|tor,** die Doktoren
die **Dok|to|rin,** die Doktorinnen
das **Do|ku|ment,** die Dokumente
der **Dolch,** die Dolche
der **Dol|lar,** die Dollars
der **Dol|met|scher,**
die Dolmetscher
die **Dol|met|sche|rin,**
die Dolmetscherinnen
der **Dom,** die Dome
das **Do|mi|no,** die Dominos
der **Domp|teur,** die Dompteure
die **Domp|teu|rin,**
die Dompteurinnen
die **Do|nau**
der **Dö|ner|ke|bap,**
die Dönerkebaps
der **Don|ner,** die Donner
donnern
das Donnerwetter
der **Don|ners|tag**
am Donnerstag
am Donnerstagabend
donnerstags
doof
das **Do|ping**
dop|pelt
doppelt so viel
das Doppelte
das **Dorf,** die Dörfer
der **Dorn,** die Dornen
dort
dort bleiben
dorthin

der Dirigent

Dose

die **Do|se,** die Dosen
der Dosenöffner

Dr

der **Dra|che** (Fabeltier), die Drachen
der **Dra|chen** (Spielzeug), die Drachen
das Drachenfliegen
der **Draht,** die Drähte
das **Dra|ma,** die Dramen
dramatisch
dran (daran)
drankommen
drän|geln, du drängelst
die Drängelei
drän|gen, du drängst
drauf (darauf)
gut drauf sein
drau|ßen
der **Dreck**
dreckig
der Dreckspatz
dre|hen, du drehst
der Drehwurm
drei
eine Drei schreiben
dreimal
dreißig
dreizehn

das **Drei|eck,** die Dreiecke
dreieckig
Dres|den
dres|sie|ren, du dressierst
die Dressur
drib|beln, du dribbelst
drin (darin)
drinbleiben
drin|gend
drin|nen
drit|tens
zu dritt
der Dritte, die Dritte
das Drittel
zum dritten Mal
die **Dro|ge,** die Drogen
drogenabhängig
die **Dro|ge|rie,** die Drogerien
dro|hen, du drohst
die Drohung
dröh|nen, der Motor dröhnt
drol|lig
die **Dros|sel,** die Drosseln
drü|ben
dru|cken, du druckst
der Druck
der Drucker
die Druckerei
die Druckschrift
drü|cken, du drückst
sich drücken

das Drama

Dynamo

    drun|ter (darunter)
    drunter und drüber
die **Drü|se,** die Drüsen

Ds
der **Dschun|gel**

Du
    du
der **Dü|bel,** die Dübel
sich **du|cken,** du duckst dich
der **Duft,** die Düfte
    duften
    dumm, dümmer,
    am dümmsten
    die Dummheit
    dumpf
die **Dü|ne,** die Dünen
der **Dün|ger,** die Dünger
    dun|kel
    dunkelblau
    die Dunkelheit
    dünn
der **Dunst,** die Dünste
    dünsten
das **Duo,** die Duos
    durch
    durchaus
der **Durch|blick**
    durchblicken

    durch|dre|hen,
    du drehst durch
    durch|ei|nan|der
der **Durch|fall,** die Durchfälle
der **Durch|gang,**
    die Durchgänge
    durchgehend
    durch|läs|sig
der **Durch|mes|ser,**
    die Durchmesser
die **Durch|sa|ge,** die Durchsagen
der **Durch|schnitt,**
    die Durchschnitte
    durchschnittlich
    durch|sich|tig
der **Durch|zug**
    dür|fen, du darfst, er durfte,
    sie hat gedurft
    dürf|tig
    dürr
    die Dürre
der **Durst**
    durstig
    du|schen, du duschst
    die Dusche
die **Dü|se,** die Düsen
    das Düsenflugzeug
    der Düsenjäger
    Düs|sel|dorf
    düs|ter
das **Dut|zend,** die Dutzende
sich **du|zen,** du duzt ihn

Dy
    dy|na|misch
das **Dy|na|mit**
der **Dy|na|mo,** die Dynamos

Eb**be**

Eb
die **Eb|be,** die Ebben
Ebbe und Flut
e|ben
die **E|be|ne,** die Ebenen
e|ben|falls
der **E|ber,** die Eber

Ec
das **E|cho,** die Echos
echt
die Echtheit
die **E|cke,** die Ecken
eckig
der Eckzahn

Ed
e|del
der **E|del|stein,** die Edelsteine

Ef
der **E|feu**
der **Ef|fekt,** die Effekte

Eg
e|gal
e|go|is|tisch
der Egoist, die Egoistin

Eh
die **E|he,** die Ehen
das Ehepaar
der Ehering

e|he
ehemals
je eher, desto besser
die **Eh|re**
ehrenamtlich
das Ehrenwort
ehr|gei|zig
der Ehrgeiz
ehr|lich
die Ehrlichkeit

Ei
das **Ei,** die Eier
der Eidotter
oder: das Eidotter
die Eierschale
das Eigelb
das Eiweiß
die **Ei|che,** die Eichen
die Eichel
der **Ei|chel|hä|her,**
die Eichelhäher
das **Eich|hörn|chen,**
die Eichhörnchen
der **Eid,** die Eide
die **Ei|dech|se,** die Eidechsen
ei|fer|süch|tig
die Eifersucht
eif|rig
der Eifer
ei|gen
eigenartig
das Eigentor
eigenwillig
die **Ei|gen|schaft,**
die Eigenschaften
das Eigenschaftswort

einladen

ei|gent|lich
das Ei|gen|tum, die Eigentümer
sich eig|nen, du eignest dich
ei|len, du eilst
in Eile sein
eilig
der Ei|mer, die Eimer
ein, eine, einer
ei|nan|der
die Ein|bahn|stra|ße,
die Einbahnstraßen
der Ein|band, die Einbände
ein|bre|chen, du brichst ein,
er brach ein, sie ist
eingebrochen
der Einbrecher,
die Einbrecherin
der Ein|bruch, die Einbrüche
ein|che|cken, du checkst ein
ein|cre|men, du cremst ein
ein|deu|tig
der Ein|druck, die Eindrücke
eindrucksvoll
ein|ei|ig
eineiige Zwillinge
ein|ein|halb
ei|ner|lei
ein|fach
das Einfachste
ein|fä|deln, du fädelst ein
die Ein|fahrt, die Einfahrten
der Ein|fall, die Einfälle
einfallen
einfallsreich
ein|far|big
der Ein|fluss, die Einflüsse
einflussreich

der Ein|gang, die Eingänge
ein|ge|bil|det
sich etwas einbilden
ein|ge|packt
ein|ge|schnappt
sich ein|ge|wöh|nen
→ gewöhnen
die Eingewöhnungszeit
ein|hal|ten, du hältst ein,
er hielt ein, sie hat
eingehalten
ein|hef|ten, du heftest ein
ein|hei|misch
die Ein|heit, die Einheiten
einheitlich
ei|nig
sich einigen
die Einigkeit
ei|ni|ge, einiges
einige Male
ei|ni|ger|ma|ßen
ein|kau|fen → kaufen
der Einkauf
der Einkaufsbummel
das Einkaufszentrum
ein|klam|mern,
du klammerst ein
sich ein|klem|men, du klemmst
dir den Finger ein
das Ein|kom|men,
die Einkommen
ein|kre|men,
du kremst ein
ein|la|den, du lädst ein,
er lud ein, sie hat
eingeladen
die Einladung

41

Einlass

der **Ein|lass,** die Einlässe
die **Ein|lei|tung,** die Einleitungen
ein|leuch|tend
ein|ma|chen, du machst
Obst ein
das Einmachglas
ein|mal
auf einmal
einmalig
das **Ein|mal|eins**
die **Ein|mün|dung,**
die Einmündungen
die **Ein|nah|me,** die Einnahmen
sich **ein|prä|gen,**
du prägst dir ein
ein|rah|men, du rahmst ein
ein|räu|men, du räumst ein
die **Ein|rich|tung,**
die Einrichtungen
eins
es ist halb eins
eine Eins schreiben
ein|sam
die Einsamkeit
der **Ein|satz,** die Einsätze
einsatzbereit
ein|schen|ken,
du schenkst ein
ein|schla|fen → schlafen
einschläfern
ein|schließ|lich
einschließen
das **Ein|schrei|ben,**
die Einschreiben
die **Ein|schu|lung**
ein|se|hen → sehen
das Einsehen

ein|sei|fen, du seifst ein
der **Ein|sen|de|schluss**
die **Ein|sicht,** die Einsichten
ein|sper|ren, du sperrst ein
der **Ein|spruch,** die Einsprüche
ein|spu|rig
einst
ein|stel|lig
die **Ein|stel|lung,**
die Einstellungen
der **Ein|stich,** die Einstiche
der **Ein|stieg,** die Einstiege
ein|stim|mig
ein|stün|dig
der **Ein|sturz,** die Einstürze
einstürzen
ein|tei|len → teilen
die Einteilung
der **Ein|topf,** die Eintöpfe
die **Ein|tra|gung,**
die Eintragungen
der **Ein|tritt**
die Eintrittskarte
ein|ver|stan|den
die **Ein|wan|de|rung,**
die Einwanderungen
der Einwanderer,
die Einwanderin
einwandern
ein|wand|frei
die **Ein|wei|hung,**
die Einweihungen
der **Ein|woh|ner,** die Einwohner
die **Ein|woh|ne|rin,**
die Einwohnerinnen
der **Ein|wurf,** die Einwürfe
die **Ein|zahl**

elf

der Einsturz

die **Ein|zel|heit,** die Einzelheiten
ein|zeln
jeder Einzelne
ein|zie|hen, du ziehst ein,
er zog ein, sie ist
eingezogen
ein|zig
einzigartig
der Einzige
der **Ein|zug,** die Einzüge
das **Eis**
Eis laufen
der Eisbär
eisgekühlt
das Eishockey
eisig
der Eiszapfen
die Eiszeit
das **Ei|sen,** die Eisen
die **Ei|sen|bahn,**
die Eisenbahnen
ei|tel
die Eitelkeit
der **Ei|ter**
eitern
der Eiterpickel
das **Ei|weiß,** die Eiweiße

Ek
der **E|kel**
das Ekel
ekelig oder: eklig
ekelhaft
sich ekeln

El
e|las|tisch
die **El|be**
der **Elch,** die Elche
der **E|le|fant,** die Elefanten
e|le|gant
die Eleganz
e|lek|trisch
der Elektriker,
die Elektrikerin
die Elektrizität
das Elektrogerät
das **E|le|ment,** die Elemente
das **E|lend**
ich fühle mich elend
das Elendsviertel
elf
die Elf
der Elfmeter
das Elfmeterschießen

43

Elfe

die **El|fe,** die Elfen
der **Ell|bo|gen** oder: Ellenbogen,
    die Ellbogen
    oder: Ellenbogen
    die Elle
    ellenlang
die **Els|ter,** die Elstern
die **El|tern**
    der Elternabend

Em

die **E-Mail,**
    die E-Mails
    e|man|zi|piert
    die Emanzipation
der **Em|bryo,** die Embryos
die **E|mi|gra|ti|on**
    der Emigrant,
    die Emigrantin
    emigrieren
emp|fan|gen, du empfängst,
er empfing, sie hat
empfangen
der Empfänger,
die Empfängerin
emp|feh|len, du empfiehlst,
er empfahl, sie hat
empfohlen
empfehlenswert
die Empfehlung
emp|fin|den, du empfindest,
er empfand, sie hat
empfunden
empfindlich
die Empfindung
em|por
emporsteigen

sich **em|pö|ren,** du empörst dich
empörend
empört
die Empörung

En

das **En|de,** die Enden
am Ende
zu Ende
Ende Oktober
enden
endgültig
endlos
das Endspiel
die Endung
end|lich
die **E|ner|gie,** die Energien
Energie sparend
energisch
eng
eng befreundet
der **En|gel,** die Engel
der **En|ger|ling,** die Engerlinge

entlarven

44

Entschluss

    Eng|land
    englisch
der **En|kel,** die Enkel
    das Enkelkind
die **En|ke|lin,** die Enkelinnen
    e|**norm**
    ent|beh|ren, du entbehrst
die **Ent|bin|dung,**
    die Entbindungen
    entbinden
    ent|de|cken, du entdeckst
    der Entdecker,
    die Entdeckerin
    die Entdeckung
    die Entdeckungsreise
die **En|te,** die Enten
die **Ent|fer|nung,**
    die Entfernungen
    entfernen
    ent|füh|ren, du entführst
    der Entführer,
    die Entführerin
    die Entführung
    ent|ge|gen
    entgegennehmen
    ent|geg|nen, du entgegnest
    ent|ge|hen, du entgehst,
    er entging, sie ist entgangen
    mir entgeht etwas
    ent|geis|tert
    ent|glei|sen, der Zug
    entgleist
    ent|hal|ten, die Flasche
    enthält, sie enthielt, sie hat
    enthalten
    sich enthalten
    die Enthaltung

    ent|kom|men,
    du entkommst, er entkam,
    sie ist entkommen
    ent|lang
    am Ufer entlang
    den Weg entlanglaufen
    ent|lar|ven, du entlarvst
    ent|las|sen, du entlässt,
    er entließ, sie hat entlassen
    die Entlassung
    ent|le|gen
    ent|mu|tigt
    ent|nervt
    ent|rin|nen, du entrinnst,
    er entrann, sie ist entronnen
    das Entrinnen
    ent|rüm|peln,
    du entrümpelst
    die Entrümpelung
    oder: Entrümplung
sich **ent|rüs|ten,**
    du entrüstest dich
    die Entrüstung
die **Ent|schä|di|gung,**
    die Entschädigungen
    ent|schei|den,
    du entscheidest,
    er entschied, sie hat
    entschieden
    entscheidend
    die Entscheidung
sich **ent|schlie|ßen,**
    du entschließt dich,
    er entschloss sich,
    sie hat sich entschlossen
der **Ent|schluss,**
    die Entschlüsse

entschuldigen

ent|schul|di|gen,
du entschuldigst
sich entschuldigen
die Entschuldigung
das **Ent|set|zen**
entsetzt
entsetzlich
ent|sor|gen, du entsorgst
sich **ent|span|nen,**
du entspannst dich
entspannt
die Entspannung
ent|spre|chend
ent|ste|hen, das Feuer
entsteht, es entstand,
es ist entstanden
die Entstehung
ent|stellt
ent|täuscht
enttäuschen
die Enttäuschung
die **Ent|war|nung,**
die Entwarnungen
ent|we|der
entweder … oder …
ent|wer|fen, du entwirfst,
er entwarf, sie hat
entworfen
der Entwurf
ent|wer|ten, du entwertest
ent|wi|ckeln, du entwickelst
sich entwickeln
die Entwicklung
die Entwicklungshilfe
ent|wi|schen, du entwischst
ent|zif|fern, du entzifferst
ent|zü|ckend

sich **ent|zün|den,** die Wunde
entzündet sich
die Entzündung
ent|zwei
entzweigehen

Er

er
er kommt morgen
sich **er|bar|men,**
du erbarmst dich
erbärmlich
erbarmungslos
er|ben, du erbst
das Erbe
der Erbe, die Erbin
erblich
die Erbschaft
sich **er|bre|chen,** du erbrichst
dich, er erbrach sich,
sie hat sich erbrochen
das Erbrochene
die **Erb|se,** die Erbsen
erbsengroß
das **Erd|be|ben,** die Erdbeben
die **Erd|bee|re,** die Erdbeeren
das Erdbeereis
die **Er|de**
der Erdball
der Erdboden
das Erdgeschoss
die Erdkunde
das Erdöl
der Erdteil
sich **er|eig|nen,** es ereignet sich
das Ereignis
ereignisreich

46

Er**läuterung**

er|fah|ren, du erfährst,
er erfuhr, sie hat erfahren
die Erfahrung
er|fas|sen, du erfasst
er|fin|den, du erfindest,
er erfand, sie hat erfunden
der Erfinder, die Erfinderin
erfinderisch
die Erfindung
der Er|folg, die Erfolge
erfolgreich
er|for|schen → forschen
die Erforschung
er|freu|lich
sich er|fri|schen,
du erfrischst dich
erfrischend
die Erfrischung
Er|furt
er|gän|zen, du ergänzt
die Ergänzung
sich er|ge|ben, du ergibst dich,
er ergab sich, sie hat
sich ergeben

das Er|geb|nis, die Ergebnisse
ergeben
ergebnislos
er|hit|zen, du erhitzt
sich er|ho|len, du erholst dich
erholsam
die Erholung
sich er|in|nern, du erinnerst dich
die Erinnerung
die Er|käl|tung, die Erkältungen
sich erkälten
er|ken|nen → kennen
die Erkenntnis
er|klä|ren, du erklärst
die Erklärung
er|kran|ken, du erkrankst
die Erkrankung
sich er|kun|di|gen,
du erkundigst dich
er|lau|ben, du erlaubst
die Erlaubnis
die Er|läu|te|rung,
die Erläuterungen
erläutern

die Erfindung

47

Erlebnis

das **Er|leb|nis,** die Erlebnisse
erleben
die Erlebniserzählung
erlebnisreich
er|le|di|gen, du erledigst
erledigt sein
die **Er|leich|te|rung**
erleichtert
der **Er|lös,** die Erlöse
die **Er|lö|sung**
erlösen
er|mah|nen → mahnen
die Ermahnung
die **Er|mä|ßi|gung,**
die Ermäßigungen
ermäßigt
er|mu|ti|gen, du ermutigst
die Ermutigung
die **Er|näh|rung**
sich ernähren
ernst
ernst nehmen
es wird ernst
der Ernst
im Ernst
ernsthaft
ern|ten, du erntest
die Ernte
das Erntedankfest
er|o|bern, du eroberst
der Eroberer, die Eroberin
die Eroberung
der **Er|pel,** die Erpel
er|pres|sen, du erpresst
der Erpresser,
die Erpresserin
die Erpressung

die Erlösung

die **Er|re|gung**
erregt
er|rei|chen, du erreichst
erreichbar
er|rö|ten, du errötest
der **Er|satz**
die Ersatzbank
das Ersatzrad
das Ersatzteil
er|schei|nen, du erscheinst,
er erschien, sie ist
erschienen
die Erscheinung
er|schöpft
die Erschöpfung
er|schre|cken (einen
Schreck bekommen),
du erschrickst, er erschrak,
sie ist erschrocken
er|schre|cken (jemanden
erschrecken), du erschreckst
ihn, er erschreckte ihn,
sie hat ihn erschreckt

48

Euter

er|schüt|ternd
die Erschütterung
erst
erst mal
erst recht
der Erste, die Erste
erstens
als Erster, als Erste
er|staun|lich
erstaunen
das Erstaunen
er|sti|cken, sie erstickt
die Erstickungsgefahr
er|tap|pen, du ertappst
er|tra|gen, du erträgst,
er ertrug, sie hat ertragen
erträglich
er|wach|sen
der Erwachsene,
die Erwachsene
er|wäh|nen, du erwähnst
er|war|ten → warten
die Erwartung
er|wer|ben, du erwirbst,
er erwarb, sie hat erworben
erwerbstätig
er|wi|dern, du erwiderst
die Erwiderung
er|wi|schen, du erwischst
er|wünscht
das **Erz,** die Erze
er|zäh|len, du erzählst
der Erzähler, die Erzählerin
die Erzählung
die **Er|zie|hung**
erziehen
der Erzieher, die Erzieherin

Es
es
es wird Morgen
der **E|sel,** die Esel
die Eselsbrücke
das Eselsohr
der **Es|ki|mo,** die Eskimos
es|sen, du isst, er aß,
sie hat gegessen
das Essen
der Esslöffel
der **Es|sig,** die Essige

Et
die **E|ta|ge,** die Etagen
die **E|tap|pe,** die Etappen
das **E|ti|kett,** die Etiketten
etikettieren
das **E|tui,** die Etuis
et|wa
et|was
etwas anderes
etwas Gutes

Eu
euch
eu|er, euere oder: eure
euretwegen
die **Eu|le,** die Eulen
der **Eu|ro,** die Euros
der Eurocheque
der Eurocity (EC)
Eu|ro|pa
europäisch
die Europäische Union (EU)
die Europameisterschaft
das **Eu|ter,** die Euter

evakuieren

Ev
e|va|ku|ie|ren, die Bewohner
werden evakuiert
e|van|ge|lisch
e|ven|tu|ell

Ew
e|wig
die Ewigkeit

Ex
e|xakt
das **E|xa|men**, die Examen
das **E|xem|plar**, die Exemplare
ex|klu|siv
e|xo|tisch
die **Ex|pe|di|ti|on**,
die Expeditionen
das **Ex|pe|ri|ment**,
die Experimente
experimentieren
der **Ex|per|te**, die Experten
die **Ex|per|tin**, die Expertinnen
ex|plo|die|ren, die Bombe
explodiert
die Explosion
ex|tra
ex|trem

Fa
die **Fa|bel**, die Fabeln
die **Fa|brik**, die Fabriken
fabrizieren

das **Fach**, die Fächer
der Fachmann, die Fachfrau
der **Fä|cher**, die Fächer
das **Fach|werk|haus**,
die Fachwerkhäuser
die **Fa|ckel**, die Fackeln
fa|de oder: fad
der **Fa|den**, die Fäden
das **Fa|gott**, die Fagotte
fä|hig
die Fähigkeit
die **Fahn|dung**,
die Fahndungen
fahnden
die **Fah|ne**, die Fahnen
die Fahnenstange
die **Fäh|re**, die Fähren
fah|ren, du fährst, er fuhr,
sie ist gefahren
die Fahrbahn
der Fahrer, die Fahrerin
die Fahrkarte
der Fahrstuhl
die Fahrt
das Fahrzeug
das **Fahr|rad**, die Fahrräder
die **Fähr|te**, die Fährten
fair
die Fairness
der **Fal|ke**, die Falken
der **Fall**, die Fälle
die **Fal|le**, die Fallen
fal|len, du fällst, er fiel,
sie ist gefallen
der Fallschirm
fäl|len, du fällst den Baum
fäl|lig

50

Fee

falls
falsch
fälschen
die Fälschung
fal|ten, du faltest
die Falte
faltig
der **Fal|ter,** die Falter
die **Fa|mi|lie,** die Familien
die Familienfeier
der Familienname
der **Fan,** die Fans
der Fanclub
oder: Fanklub
fan|gen, du fängst, er fing,
sie hat gefangen
der Fang
die **Fan|ta|sie**
fantasieren
fantasievoll
fantastisch
die **Far|be,** die Farben
färben
farbenblind
farbenfroh
farbig
der Farbton
die **Farm,** die Farmen
der **Farn,** die Farne
der **Fa|san,** die Fasane
oder: Fasanen
der **Fa|sching**
das Faschingskostüm
fa|seln, du faselst
die **Fa|ser,** die Fasern
faserig oder: fasrig
die **Fas|nacht**

das **Fass,** die Fässer
die **Fas|sa|de,** die Fassaden
fas|sen, du fasst
die Fassung
fassungslos
fast
fas|ten, du fastest
das Fasten
die Fastenzeit
das **Fast|food** oder: Fast Food
die **Fast|nacht**
fas|zi|nie|rend
die **Fa|ta Mor|ga|na**
fau|chen, die Katze faucht
faul
faulenzen
die Faulheit
der Faulpelz
das Faultier
die **Faust,** die Fäuste
faustdick
die Faustregel
der **Fa|vo|rit,** die Favoriten
die **Fa|vo|ri|tin,** die Favoritinnen
das **Fax,** die Faxe
faxen
die **Fa|xen**
Faxen machen

Fe

der **Fe|bru|ar**
fech|ten, du fichtst,
er focht, sie hat gefochten
der Fechter, die Fechterin
die **Fe|der,** die Federn
federleicht
die **Fee,** die Feen

51

fegen

fe|gen, du fegst
feh|len, du fehlst
der Feh|ler, die Fehler
fehlerhaft
fehlerlos
fei|ern, du feierst
die Feier
feierlich
der Feiertag
fei|ge oder: feig
der Feigling
die Fei|ge, die Feigen
fei|len, du feilst
die Feile
fein
sich fein machen
der Feinschmecker,
die Feinschmeckerin
der Feind, die Feinde
feindlich
die Feindschaft
das Feld, die Felder
der Feldweg
die Fel|ge, die Felgen
das Fell, die Felle
der Fels, die Felsen
der Felsblock
felsenfest
felsig
der Fen|chel
der Fencheltee
das Fens|ter, die Fenster
der Fensterrahmen
die Fensterscheibe
die Fe|ri|en
der Ferienjob
das Fer|kel, die Ferkel

fern
die Fernbedienung
die Ferne
der Fernfahrer,
die Fernfahrerin
das Ferngespräch
das Fernglas
der Fern|se|her, die Fernseher
fernsehen
das Fernsehprogramm
die Fer|se, die Fersen
fer|tig
fertig machen
die Fes|sel, die Fesseln
fesseln
fest
festhalten
die Festplatte
die Festung
das Fest, die Feste
das Festival
festlich
der Festtag
fest|stel|len, du stellst fest
die Fe|te, die Feten
fett
fett gedruckt
das Fett
fettig

52

fit

der **Fet|zen,** die Fetzen
feucht
die Feuchtigkeit
das **Feu|er,** die Feuer
die Feuerwehr
das Feuerwerk
das Feuerzeug
feurig

Fi
die **Fi|bel,** die Fibeln
die **Fich|te,** die Fichten
das **Fie|ber**
fieberfrei
fieberig oder: fiebrig
das Fieberthermometer
fies
die **Fi|gur,** die Figuren
der **Film,** die Filme
filmen
der **Fil|ter** oder: das Filter,
die Filter
filtern
das Filterpapier
der **Filz,** die Filze
die Filzpantoffeln
der Filzstift
das **Fi|na|le,** die Finale
oder: Finals

das **Fi|nanz|amt,**
die Finanzämter
die Finanzen
finanzieren
fin|den, du findest, er fand,
sie hat gefunden
der Finder, die Finderin
der Finderlohn
der Findling
der **Fin|ger,** die Finger
der Fingerabdruck
fingerbreit
der Fingernagel
der **Fink,** die Finken
Finn|land
finnisch
fins|ter
die Finsternis
der **Fir|le|fanz**
die **Fir|ma,** die Firmen
der Firmenchef
der **Fisch,** die Fische
fischen
der Fischer, die Fischerin
das Fischerboot
die Fischgräte
das Fischstäbchen
fit, fitter, am fittesten
das Fitnesscenter

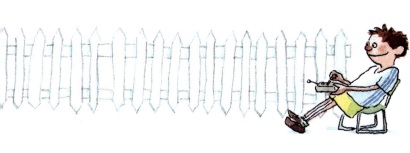

die Fernbedienung

53

fix

    fix
    fix und fertig

    Fl
    flach
die **Flä|che,** die Flächen
    fla|ckern, die Kerze flackert
der **Fla|den,** die Fladen
    das Fladenbrot
die **Flag|ge,** die Flaggen
der **Fla|min|go,** die Flamingos
die **Flam|me,** die Flammen
die **Flan|ke,** die Flanken
die **Fla|sche,** die Flaschen
    der Flaschenöffner
    flat|tern, die Gans flattert
    flau
der **Flaum**
    flau|schig
    flech|ten, du flichtst,
    er flocht, sie hat geflochten
der **Fleck** oder: Flecken,
    die Flecken
    fleckenlos
    fleckig
die **Fle|der|maus,**
    die Fledermäuse
der **Fle|gel,** die Flegel
    fle|hen, du flehst
das **Fleisch**
    der Fleischer,
    die Fleischerin
    die Fleischerei
    fleischig
der **Fleiß**
    fleißig
    flen|nen, du flennst

    fli|cken, du flickst
    der Flicken
    das Flickzeug
der **Flie|der**
die **Flie|ge,** die Fliegen
    die Fliegenklatsche
    flie|gen, du fliegst,
    er flog, sie ist geflogen
    der Flieger
    flie|hen, du fliehst, er floh,
    sie ist geflohen
die **Flie|se,** die Fliesen
    fliesen
    der Fliesenleger,
    die Fliesenlegerin
    flie|ßen, das Wasser fließt,
    es floss, es ist geflossen
    das Fließband
    fließend
    flim|mern, die Luft flimmert
    flink
der **Flip|per,** die Flipper
    flippern
    flit|zen, du flitzt
die **Flo|cke,** die Flocken
    flockig
der **Floh,** die Flöhe
    der Flohbiss
    der Flohmarkt
der **Flop,** die Flops
das **Floß,** die Flöße
die **Flos|se,** die Flossen

fortbilden

fliegen

die	**Flö|te,** die Flöten
	flöten
	flott
	flu|chen, du fluchst
	der Fluch
die	**Flucht**
	fluchtartig
	flüchten
	der Flüchtling
	der Fluchtweg
der	**Flüch|tig|keits|feh|ler,** die Flüchtigkeitsfehler
der	**Flug,** die Flüge
	der Flughafen
	das Flugzeug
der	**Flü|gel,** die Flügel
	flun|kern, du flunkerst
der	**Flur,** die Flure
der	**Fluss,** die Flüsse
	das Flussbett
	die Flussmündung
	das Flussufer
	flüs|sig
	die Flüssigkeit
	flüs|tern, du flüsterst
die	**Flut,** die Fluten
	das Flutlicht

Fo

das	**Foh|len,** die Fohlen
der	**Föhn** (Haartrockner), die Föhne
	föhnen
der	**Föhn** (warmer Wind)
	fol|gen, du folgst
	die Folge
	folgend
die	**Fo|lie,** die Folien
die	**Fol|ter,** die Foltern
	foltern
die	**Fon|tä|ne,** die Fontänen
	for|dern, du forderst
	die Forderung
	för|dern, du förderst
	das Förderband
	die Förderschule
	der Förderunterricht
die	**Fo|rel|le,** die Forellen
die	**Form,** die Formen
	das Format
	formen
	das Formular
	formulieren
die	**For|mel 1**
	for|schen, du forschst
	der Forscher, die Forscherin
	die Forschung
der	**Förs|ter,** die Förster
die	**Förs|te|rin,** die Försterinnen
	fort
	fort sein
sich	**fort|be|we|gen** → bewegen
	das Fortbewegungsmittel
sich	**fort|bil|den** → bilden
	die Fortbildung

55

fortfahren

fort|fah|ren → fahren
von zu Hause fortfahren
mit dem Schreiben
fortfahren
die **Fort|pflan|zung**
sich fortpflanzen
der **Fort|schritt,** die Fortschritte
fortschrittlich
die **Fort|set|zung,**
die Fortsetzungen
fortsetzen
die Fortsetzungsgeschichte
das **Fos|sil,** die Fossilien
das **Fo|to,** die Fotos
der Fotoapparat
der Fotograf, die Fotografin
fotografieren
die **Fo|to|ko|pie,** die Fotokopien
fotokopieren
das **Foul,** die Fouls
foulen

Fr

die **Fracht,** die Frachten
der Frachter
das Frachtschiff
fra|gen, du fragst
die Frage
der Fragesatz
das Fragezeichen
Frank|reich
französisch
die **Frat|ze,** die Fratzen
Fratzen schneiden
die **Frau,** die Frauen
frech
die Frechheit

frei
das Freibad
freihalten
freihändig
die Freiheit
der Freistoß
die Freistunde
freiwillig
der **Frei|tag,** die Freitage
am Freitag
am Freitagabend
freitags
die **Frei|zeit**
die Freizeitbeschäftigung
fremd
der Fremde, die Fremde
die Fremdsprache
das Fremdwort
fres|sen, der Hund frisst,
er fraß, er hat gefressen
die **Freu|de,** die Freuden
freudestrahlend
sich **freu|en,** du freust dich
der **Freund,** die Freunde
die Freundschaft
freundschaftlich
die **Freun|din,** die Freundinnen
freund|lich
der **Frie|den** oder: Friede
der Friedensvertrag
friedlich
der **Fried|hof,** die Friedhöfe
frie|ren, du frierst, er fror,
sie hat gefroren
die **Fri|ka|del|le,** die Frikadellen
das **Fris|bee,** die Frisbees
die Frisbeescheibe

56

fünf

die Freunde

frisch
frisch gebacken
die Frischmilch
der **Fri|seur,** die Friseure
die **Fri|seu|rin,** die Friseurinnen
der **Fri|sör,** die Frisöre
die **Fri|sö|rin,** die Frisörinnen
die **Frist,** die Fristen
fristlos
die **Fri|sur,** die Frisuren
froh
fröh|lich
die Fröhlichkeit
fromm
die Frömmigkeit
die **Front,** die Fronten
frontal
der **Frosch,** die Frösche
der **Frost,** die Fröste
frostig
das **Frot|tee** oder: der Frottee
das Frotteehandtuch
die **Frucht,** die Früchte
fruchtbar
fruchtig
früh
morgen früh
das Frühjahr
frühmorgens
die Frühschicht
frühzeitig
der **Früh|ling**
der Frühlingsanfang
das **Früh|stück,** die Frühstücke
frühstücken
der **Frust**
frustriert

Fu
der **Fuchs,** die Füchse
fuch|teln, du fuchtelst
füh|len, du fühlst
der Fühler
die **Fuh|re,** die Fuhren
der Fuhrpark
füh|ren, du führst
der Führerschein
die Führung
fül|len, du füllst
die Fülle
die Füllung
der **Fül|ler,** die Füller
der Füllfederhalter
der **Fund,** die Funde
das Fundbüro
das **Fun|da|ment,**
die Fundamente
fünf
eine Fünf schreiben
fünfmal
das Fünfcentstück
fünfzehn
fünfzig

57

Funk

der **Funk**
funken
das Funkgerät
die Funkstille
der Funkturm
der **Fun|ke** oder: Funken,
die Funken
fun|keln, der Stern funkelt
funkelnagelneu
funk|ti|o|nie|ren,
die Maschine funktioniert
die Funktion
für
füreinander
das Fürwort
die **Fur|che,** die Furchen
sich **fürch|ten,** du fürchtest dich
die Furcht
furchtbar
fürchterlich
für|sorg|lich
der **Fürst,** die Fürsten
die **Fürs|tin,** die Fürstinnen
der **Furz,** die Fürze
der **Fuß,** die Füße
zu Fuß gehen
der Fußboden
der Fußgänger,
die Fußgängerin
der **Fuß|ball,** die Fußbälle
Fußball spielen
der **Fus|sel** oder: die Fussel,
die Fusseln
das **Fut|ter**
füttern
die Fütterung
das **Fu|tur**

Ga

die **Ga|be,** die Gaben
die **Ga|bel,** die Gabeln
der Gabelstapler
ga|ckern, das Huhn gackert
gaf|fen, du gaffst
der **Gag,** die Gags
gäh|nen, du gähnst
die **Ga|la|xie,** die Galaxien
die **Ga|lee|re,** die Galeeren
die **Ga|le|rie,** die Galerien
der **Gal|gen,** die Galgen
die **Gal|le,** die Gallen
ga|lop|pie|ren, das Pferd
galoppiert
der Galopp
gam|meln, du gammelst
die **Gäm|se,** die Gämsen
der **Gang,** die Gänge
die Gangschaltung
der **Gangs|ter,** die Gangster
der **Ga|no|ve,** die Ganoven
die **Gans,** die Gänse
das Gänsefüßchen
der Gänserich
das **Gän|se|blüm|chen,**
die Gänseblümchen
ganz
ganz bestimmt
ganztags
die Ganztagsschule
gar
gar nicht

gedruckt

die **Ga|ra|ge,** die Garagen
die **Ga|ran|tie,** die Garantien
garantieren
die **Gar|de|ro|be,** die Garderoben
die **Gar|di|ne,** die Gardinen
ga|ren, das Essen gart
das Gemüse ist gar
gä|ren, der Most gärt,
er gor oder: er gärte,
er ist gegoren
oder: er ist gegärt
das **Garn,** die Garne
der **Gar|ten,** die Gärten
der Gärtner, die Gärtnerin
die Gärtnerei
das **Gas,** die Gase
die Gasexplosion
das Gaspedal
die **Gas|se,** die Gassen
Gassi gehen
der **Gast,** die Gäste
die Gaststätte
der Gastwirt, die Gastwirtin
das **Gat|ter,** die Gatter
der **Gauk|ler,** die Gaukler
gaukeln
die **Gauk|le|rin,**
die Gauklerinnen
der **Gau|men,** die Gaumen
der **Gau|ner,** die Gauner
die Gaunerei
die **Gau|ne|rin,** die Gaunerinnen

Ge

das **Ge|bäck**
die **Ge|bär|de,** die Gebärden
die Gebärdensprache

das **Ge|bäu|de,** die Gebäude
ge|ben, du gibst, er gab,
sie hat gegeben
Gib mir das Buch!
das **Ge|bet,** die Gebete
das **Ge|biet,** die Gebiete
das **Ge|bir|ge,** die Gebirge
das **Ge|biss,** die Gebisse
das **Ge|blä|se,** die Gebläse
ge|blümt
ge|bo|ren
ge|bor|gen
die Geborgenheit
das **Ge|bot,** die Gebote
ge|brau|chen, du gebrauchst
der Gebrauch
gebräuchlich
die Gebrauchsanweisung
der Gebrauchtwagen
das **Ge|brüll**
die **Ge|bühr,** die Gebühren
gebührenpflichtig
die **Ge|burt,** die Geburten
der **Ge|burts|tag,**
die Geburtstage
das Geburtstagsgeschenk
das **Ge|büsch**
das **Ge|dächt|nis**
der **Ge|dan|ke,** die Gedanken
gedankenlos
der Gedankenstrich
das **Ge|deck,** die Gedecke
die **Ge|denk|mi|nu|te,**
die Gedenkminuten
das **Ge|dicht,** die Gedichte
das **Ge|drän|ge**
ge|druckt

Geduld

die **Ge|duld**
geduldig
das Geduldspiel
oder: Geduldsspiel
ge|eig|net
die **Ge|fahr,** die Gefahren
gefährden
gefährlich
das **Ge|fäl|le,** die Gefälle
ge|fal|len, das Buch
gefällt mir, es gefiel mir,
es hat mir gefallen
sich etwas gefallen lassen
der **Ge|fal|len,** die Gefallen
einen Gefallen tun
gefälligst
ge|fan|gen
gefangen nehmen
der Gefangene,
die Gefangene
die Gefangenschaft
das Gefängnis
das **Ge|fäß,** die Gefäße
das **Ge|fie|der,** die Gefieder
gefiedert
ge|fleckt
das **Ge|flü|gel**
das **Ge|flüs|ter**
ge|frä|ßig

ge|frie|ren → frieren
das Gefrierfach
die Gefriertruhe
das **Ge|fühl,** die Gefühle
gefühllos
ge|füllt
ge|gen
die **Ge|gend,** die Gegenden
ge|gen|ei|nan|der
gegeneinander kämpfen
der **Ge|gen|satz,**
die Gegensätze
gegensätzlich
ge|gen|sei|tig
der **Ge|gen|stand,**
die Gegenstände
das **Ge|gen|teil,** die Gegenteile
im Gegenteil
ge|gen|ü|ber
der **Ge|gen|ver|kehr**
die **Ge|gen|wart**
der **Ge|gen|wind**
der **Geg|ner,** die Gegner
die **Geg|ne|rin,** die Gegnerinnen
das **Ge|halt,** die Gehälter
ge|häs|sig
das **Ge|häu|se,** die Gehäuse
das **Ge|he|ge,** die Gehege

geistesgegenwärtig

Gemäuer

ge|heim
geheim halten
das Geheimnis
geheimnisvoll
der Geheimtipp
ge|hen, du gehst, er ging,
sie ist gegangen
sich gehen lassen
schlafen gehen
der Gehsteig
das **Ge|hirn**, die Gehirne
die Gehirnerschütterung
das **Ge|hör**
gehörlos
ge|hor|chen, du gehorchst
ge|hö|ren, das gehört mir
ge|hor|sam
der Gehorsam
der **Gei|er**, die Geier
die **Gei|ge**, die Geigen
geil
die **Gei|sel**, die Geiseln
die Geiselnahme
der **Geist** (Verstand)
der Geistesblitz
geistesgegenwärtig
der **Geist** (Gespenst),
die Geister
die Geisterbahn
der **Geiz**
der Geizhals
geizig

das **Ge|jam|mer**
das **Ge|ki|cher**
ge|kränkt
das **Ge|krit|zel**
das **Gel**, die Gele oder: Gels
das **Ge|läch|ter**
ge|lähmt
das **Ge|län|de**, die Gelände
der Geländewagen
das **Ge|län|der**, die Geländer
ge|lang|weilt
ge|las|sen
die Gelassenheit
gelb
die Farbe Gelb
gelblich
das **Geld**
Geld wechseln
der Geldautomat
der Geldbeutel
geldgierig
das **Ge|lee** oder: der Gelee,
die Gelees
die **Ge|le|gen|heit**,
die Gelegenheiten
gelegentlich
ge|lehrt
der Gelehrte, die Gelehrte
das **Ge|lenk**, die Gelenke
gelenkig
ge|lin|gen, das Werk gelingt,
es gelang, es ist gelungen
gel|ten, die Regel gilt,
sie galt, sie hat gegolten
das **Ge|mäl|de**, die Gemälde
die Gemäldegalerie
das **Ge|mäu|er**, die Gemäuer

61

ge**mein**

ge|mein
die Gemeinheit
die **Ge|mein|de,** die Gemeinden
der Gemeinderat,
die Gemeinderätin
ge|mein|sam
die Gemeinsamkeit
die **Ge|mein|schaft,**
die Gemeinschaften
gemeinschaftlich
das **Ge|mü|se,** die Gemüse
das Gemüsebeet
ge|mus|tert
das **Ge|müt,** die Gemüter
ge|müt|lich
die Gemütlichkeit
das **Gen,** die Gene
die Gentechnik
ge|nau
genau genommen
nichts Genaues
die Genauigkeit
ge|nau|so
genauso viel
ge|neh|mi|gen,
du genehmigst
die Genehmigung
die **Ge|ne|ra|ti|on,**
die Generationen
ge|ni|al
das **Ge|nick,** die Genicke
sich **ge|nie|ren,**
du genierst dich
ge|nie|ßen, du genießt,
er genoss, sie hat genossen
der Genießer,
die Genießerin

der **Ge|ni|tiv**
ge|nug
ge|nü|gen, es genügt
genügend
der **Ge|nuss,** die Genüsse
genüsslich
die **Ge|o|gra|fie**
geografisch
die **Ge|o|gra|phie**
geographisch
die **Ge|o|me|trie**
geometrisch
das Geodreieck
das **Ge|päck**
der Gepäckträger
der **Ge|pard,** die Geparde
ge|pflegt
das **Ge|plap|per**
das **Ge|plät|scher**
ge|ra|de
gerade biegen
gerade sitzen
geradeaus
geradewegs
das **Ge|rät,** die Geräte
der Geräteschuppen
das Geräteturnen
ge|ra|ten, du gerätst,
er geriet, sie ist geraten
aufs Geratewohl
das **Ge|räusch,** die Geräusche
geräuschempfindlich
geräuschlos
ge|recht
die Gerechtigkeit
das **Ge|re|de**
ge|reizt

62

Geschöpf

sich genieren

das **Ge|richt,** die Gerichte
der Gerichtssaal
ge|ring
ge|rin|nen, die Milch gerinnt, sie gerann, sie ist geronnen
das **Ge|rip|pe,** die Gerippe
der **Ger|ma|ne,** die Germanen
die **Ger|ma|nin,** die Germaninnen
gern oder: gerne
gern haben
das **Ge|röll**
die **Gers|te**
die **Ger|te,** die Gerten
der **Ge|ruch,** die Gerüche
geruchlos
das **Ge|rücht,** die Gerüchte
die Gerüchteküche
ge|rührt
das **Ge|rüm|pel**
das **Ge|rüst,** die Gerüste

ge|sal|zen
ge|samt
das Gesamtergebnis
die Gesamtschule
der **Ge|sang,** die Gesänge
das Gesangbuch
das **Ge|säß,** die Gesäße
das **Ge|schäft,** die Geschäfte
geschäftlich
geschäftstüchtig
ge|sche|hen, es geschieht, es geschah, es ist geschehen
das Geschehen
ge|scheit
das **Ge|schenk,** die Geschenke
die **Ge|schich|te,** die Geschichten
ge|schickt
die Geschicklichkeit
ge|schie|den
das **Ge|schirr**
die Geschirrspülmaschine
das **Ge|schlecht,** die Geschlechter
das Geschlechtsorgan
ge|schlos|sen
der **Ge|schmack,** die Geschmäcker
geschmacklos
die Geschmackssache
geschmackvoll
das **Ge|schmat|ze**
ge|schmei|dig
das **Ge|schnat|ter**
ge|schnie|gelt
das **Ge|schöpf,** die Geschöpfe

63

Geschrei

das **Ge|schrei**
das **Ge|schwätz**
geschwätzig
die **Ge|schwin|dig|keit,**
die Geschwindigkeiten
die **Ge|schwis|ter**
ge|schwol|len
das **Ge|schwür,** die Geschwüre
der **Ge|sel|le,** die Gesellen
die **Ge|sel|lin,** die Gesellinnen
die **Ge|sell|schaft,**
die Gesellschaften
gesellschaftlich
das Gesellschaftsspiel
das **Ge|setz,** die Gesetze
gesetzlich
das **Ge|sicht,** die Gesichter
der Gesichtsausdruck
ge|spannt
das **Ge|spenst,** die Gespenster
gespenstisch
ge|sperrt
das **Ge|spött**
das **Ge|spräch,** die Gespräche
gesprächig
ge|spren|kelt

das **Ge|spür**
ge|stal|ten, du gestaltest
die Gestalt
die Gestaltung
das **Ge|stam|mel**
das **Ge|ständ|nis,**
die Geständnisse
der **Ge|stank**
die **Ges|te,** die Gesten
ge|ste|hen, du gestehst,
er gestand, sie hat
gestanden
das **Ge|stein,** die Gesteine
das **Ge|stell,** die Gestelle
ges|tern
gestern Abend
gestern früh
ge|streift
das **Ge|strüpp**
das **Ge|stüt,** die Gestüte
ge|sund, gesünder,
am gesündesten
die Gesundheit
gesundheitsschädlich
das **Ge|tränk,** die Getränke
der Getränkeautomat

der Gestank

64

Girl

das **Ge|trei|de**
    die Getreidearten
    die Getreideernte
    die Getreidemühle
    ge|trennt
    getrennt leben
    getrennt schreiben
das **Ge|trie|be,** die Getriebe
das **Ge|tu|schel**
das **Ge|wächs,** die Gewächse
    das Gewächshaus
die **Ge|walt,** die Gewalten
    gewaltlos
    gewalttätig
    ge|wal|tig
    ge|wandt
das **Ge|wäs|ser,** die Gewässer
    der Gewässerschutz
das **Ge|wehr,** die Gewehre
das **Ge|weih,** die Geweihe
die **Ge|werk|schaft,**
    die Gewerkschaften
das **Ge|wicht,** die Gewichte
das **Ge|wim|mel**
das **Ge|win|de,** die Gewinde
    ge|win|nen, du gewinnst,
    er gewann, sie hat
    gewonnen
    der Gewinn
    der Gewinner,
    die Gewinnerin
    ge|wiss
    die Gewissheit
das **Ge|wis|sen**
    gewissenhaft
    gewissenlos
    der Gewissensbiss

das **Ge|wit|ter,** die Gewitter
    es gewittert
    gewittrig
sich **ge|wöh|nen,**
    du gewöhnst dich
    die Gewohnheit
    gewöhnlich
    gewohnt
das **Ge|wöl|be,** die Gewölbe
    gewölbt
das **Ge|würz,** die Gewürze
    gewürzt
das **Ge|wu|sel**
    ge|zackt
die **Ge|zei|ten**
das **Ge|zwit|scher**

Gi

der **Gie|bel,** die Giebel
    gie|rig
    die Gier
    gie|ßen, du gießt, er goss,
    sie hat gegossen
    die Gießerei
    die Gießkanne
das **Gift,** die Gifte
    giftig
    der Giftmüll
    der Giftzwerg
    gi|gan|tisch
der **Gip|fel,** die Gipfel
der **Gips**
    das Gipsbein
    gipsen
die **Gi|raf|fe,** die Giraffen
das **Girl,** die Girls
    das Girlie

Girlande

die **Gir|lan|de,** die Girlanden
das **Gi|ro|kon|to,**
    die Girokonten
die **Gischt** oder: der Gischt
die **Gi|tar|re,** die Gitarren
das **Git|ter,** die Gitter

Gl

der **Gla|di|a|tor,** die Gladiatoren
der **Glanz**
    glänzen
    glänzend
das **Glas,** die Gläser
    der Glasbläser,
    die Glasbläserin
    gläsern
die **Gla|sur,** die Glasuren
    glasieren
    glatt, glatter oder: glätter,
    am glattesten
    oder: am glättesten
    die Glätte
    das Glatteis
die **Glat|ze,** die Glatzen
    glatzköpfig
glau|ben, du glaubst
der Glaube oder: Glauben
    gläubig
gleich
    gleich groß
    ich komme gleich
    gleichberechtigt
    gleichgültig
    das Gleichheitszeichen
    gleichmäßig
    gleichzeitig
das **Gleich|ge|wicht**

das **Gleis,** die Gleise
glei|ten, du gleitest, er glitt,
sie ist geglitten
der **Glet|scher,** die Gletscher
glib|be|rig
das **Glied,** die Glieder
    die Gliedmaßen
glie|dern, du gliederst
    die Gliederung
glimpf|lich
glit|schig
glit|zern, der Stern glitzert
der **Glo|bus,** die Globusse
oder: die Globen
die **Glo|cke,** die Glocken
    die Glockenblume
    das Glockenspiel
glot|zen, du glotzt
das **Glück**
    glücken
    glücklich
    glücklicherweise
    der Glückspilz
    der Glückwunsch
glu|ckern, das Wasser
gluckert
glü|hen, die Herdplatte glüht
    die Glühbirne
    glühend
    das Glühwürmchen
die **Glut,** die Gluten
    die Gluthitze

Gn

die **Gna|de,** die Gnaden
    gnadenlos
    gnädig

Graupel

Go
- das **Gold**
- der Goldbarren
- golden
- der Goldfisch
- goldig
- die Goldmedaille
- das **Golf**
- Golf spielen
- der Golfschläger
- die **Gon|del,** die Gondeln
- der **Gong,** die Gongs
- **gön|nen,** du gönnst
- der **Go|ril|la,** die Gorillas
- der **Gott,** die Götter
- Gott sei Dank!
- der Gottesdienst
- göttlich
- die **Göt|tin,** die Göttinnen

Gr
- **gra|ben,** du gräbst, er grub
- sie hat gegraben
- das Grab
- der Graben
- der **Grad,** die Grade
- der **Graf,** die Grafen
- die **Grä|fin,** die Gräfinnen
- das **Graf|fi|to**
- oder: der Graffito,
- die Graffiti
- das **Gramm** (g)
- die **Gram|ma|tik,**
- die Grammatiken
- **gran|tig**
- die **Grape|fruit,**
- die Grapefruits
- das **Gras,** die Gräser
- grasen
- der Grashalm
- **gräss|lich**
- die **Grä|te,** die Gräten
- **gra|tis**
- die **Grät|sche,** die Grätschen
- grätschen
- **gra|tu|lie|ren,** du gratulierst
- die Gratulation
- **grau**
- das Graubrot
- grauhaarig
- gräulich
- das **Grau|en**
- der Gräuel
- grauenhaft
- die **Grau|pel,** die Graupeln
- der Graupelschauer

die Gorillas (Leibwächter)

67

grausam

grau|sam
die Grausamkeit
grausig
grei|fen, du greifst, er griff, sie hat gegriffen
der Greifvogel
der **Greis**, die Greise
die **Grei|sin**, die Greisinnen
grell
die **Gren|ze**, die Grenzen
grenzenlos
Grie|chen|land
die Griechen
griechisch
gries|grä|mig
der **Grieß**
der Grießbrei
der Grießkloß
der **Griff**, die Griffe
griffig
der **Grill**, die Grills
grillen
die **Gril|le**, die Grillen
die **Gri|mas|se**, die Grimassen
grim|mig
grin|sen, du grinst
die **Grip|pe**
der Grippevirus
oder: das Grippevirus
grob, gröber, am gröbsten
die Grobheit
der Grobian
grö|len, du grölst
das Grölen
grol|len, du grollst
der Groll
der **Gro|schen**, die Groschen

groß, größer, am größten
großartig
die Größe
die Großeltern
großspurig
die Großstadt
großzügig
Groß|bri|tan|ni|en
britisch
die **Grot|te**, die Grotten
der Grottenolm
die **Gru|be**, die Gruben
das Grübchen
grü|beln, du grübelst
die **Gruft**, die Gruften
grün
das Grün
grünlich
der **Grund**, die Gründe
auf Grund oder: aufgrund
der Grundriss
grundsätzlich
die Grundschule
das Grundstück
grün|den, du gründest
die Gründung
gründ|lich
grun|zen, das Ferkel grunzt
die **Grup|pe**, die Gruppen
die Gruppenarbeit
gruppenweise
sich **gru|seln**, ich grusele mich oder: ich grusle mich
gruselig oder: gruslig
die Gruselgeschichte
der **Gruß**, die Grüße
grüßen

Gu

gu|cken, du guckst
das Guckloch
das Gu|lasch oder: der Gulasch
der Gul|ly oder: das Gully,
die Gullys
gül|tig
die Gültigkeit
der Gum|mi oder: das Gummi,
die Gummis
das Gummiband
das Gummibärchen
güns|tig
der Gup|py, die Guppys
gur|geln, du gurgelst
die Gurgel
die Gur|ke, die Gurken
gur|ren, die Taube gurrt
der Gurt, die Gurte
der Gür|tel, die Gürtel
der Guss, die Güsse
gut, besser, am besten
gut gehen
gut gemeint
alles Gute
gute Nacht
der Gutschein
das Gut, die Güter
der Güterwagen
die Gü|te
gütig

Gy

das Gym|na|si|um,
die Gymnasien
die Gym|nas|tik
das Gy|ros

Ha ken

Ha

das Haar, die Haare
um Haaresbreite
haarscharf
das Haarspray
haarsträubend
das Härchen
ha|ben, du hast, er hatte,
sie hat gehabt, ich hätte
hab|gie|rig
der Ha|bicht, die Habichte
ha|cken, du hackst
die Hacke
der Ha|fen, die Häfen
der Ha|fer
die Haferflocke
der Haf|lin|ger, die Haflinger
die Haft
der Haftbefehl
der Häftling
die Ha|ge|but|te, die Hagebutten
der Hagebuttentee
der Ha|gel
hageln
ha|ger
der Hahn, die Hähne
das Hähnchen
der Hah|nen|fuß
der Hai, die Haie
hä|keln, du häkelst
die Häkelnadel
der Ha|ken, die Haken
die Hakennase

69

halb

die Häufchen

halb
halb zwei
die halbe Stunde
halbieren
die Halbinsel
der Halbmond
halbtags
die Halbzeit
die **Häl|fte,** die Hälften
das **Half|ter,** die Halfter
die **Hal|le,** die Hallen
das Hallenbad
die **Hal|lig,** die Halligen
Hal|lo!
der **Halm,** die Halme
der **Hals,** die Hälse
das Halsweh
hal|ten, du hältst, er hielt,
sie hat gehalten
haltbar
die Haltestelle
das Halteverbot
die **Hal|tung,** die Haltungen
Ham|burg
der **Ham|bur|ger,**
die Hamburger
der **Ham|mel,** die Hammel
der **Ham|mer,** die Hämmer
hämmern
ham|peln, du hampelst
der Hampelmann

der **Hams|ter,** die Hamster
hamstern
die **Hand,** die Hände
eine Hand voll
die Handarbeit
handbreit
handlich
der Handstand
der **Hand|ball,** die Handbälle
Handball spielen
han|deln, du handelst
der Handel
der Händler, die Händlerin
die Handlung
das **Hand|tuch,** die Handtücher
das **Hand|werk,** die Handwerke
der Handwerker,
die Handwerkerin
das **Han|dy,** die Handys ⚠️
der **Hang,** die Hänge
hän|gen, das Bild hängt,
es hing, es hat gehangen
die Hängematte
Han|no|ver
hän|seln, du hänselst
hap|py ⚠️
das Happyend
oder: Happy End
die **Hard|ware**
die **Har|fe,** die Harfen
die **Har|ke,** die Harken

Hefe

     harm|los
die **Har|mo|nie,** die Harmonien
     harmonisch
der **Harn**
     die Harnblase
die **Har|pu|ne,** die Harpunen
     hart, härter, am härtesten
     hart gekocht
     die Härte
     hartnäckig
das **Harz,** die Harze
der **Ha|se,** die Hasen
die **Ha|sel|maus,**
     die Haselmäuse
die **Ha|sel|nuss,** die Haselnüsse
     has|sen, du hasst
     der Hass
     häss|lich
du **hast** → haben
     has|tig
sie **hat** → haben
er **hat|te** → haben
ich **hät|te** → haben
der **Hauch**
     hauchdünn
     hauchen
     hau|en, du haust
der **Hau|fen,** die Haufen
     das Häufchen
     häu|fig
das **Haupt,** die Häupter
     der Hauptbahnhof
     die Hauptsache
     hauptsächlich
     die Hauptschule
     die Hauptstadt
     das Hauptwort

der **Häupt|ling,** die Häuptlinge
das **Haus,** die Häuser
     nach Hause
     zu Hause
     die Hausaufgabe
     hausen
     der Haushalt
     haushoch
     der Hausschlüssel
     der Hausschuh
die **Haut,** die Häute
     der Hautausschlag
     sich häuten
     hauteng
     die Hautfarbe

He
die **Heb|am|me,** die Hebammen
der **He|bel,** die Hebel
     he|ben, du hebst, er hob,
     sie hat gehoben
der **Hecht,** die Hechte
     hechten
     der Hechtsprung
das **Heck,** die Hecks
     oder: Hecke
     die Heckscheibe
die **He|cke,** die Hecken
das **Heer,** die Heere
die **He|fe**
     der Hefezopf

Heft

das **Heft,** die Hefte
heften
der Hefter
hef|tig
die **Hei|de**
das Heidekraut
die **Hei|del|bee|re,**
die Heidelbeeren
hei|kel
heil
heilbar
heilen
heilfroh
die Heilung
hei|lig
der Heilige Abend
das **Heim,** die Heime
heimfahren
der Heimweg
das Heimweh
die **Hei|mat**
heimatlos
das Heimatmuseum
heim|lich
die Heimlichkeit
hei|ra|ten, du heiratest
die Heirat
hei|ser
die Heiserkeit
heiß
Heißhunger haben

hei|ßen, du heißt, er hieß, sie hat geheißen
hei|ter
die Heiterkeit
hei|zen, du heizt
der Heizkörper
die Heizung
hek|tisch
die Hektik
der **Held,** die Helden
die Heldentat
die **Hel|din,** die Heldinnen
hel|fen, du hilfst, er half, sie hat geholfen
der Helfer, die Helferin
hell
hellgrün
die Helligkeit
der Hellseher, die Hellseherin
hellwach
der **Helm,** die Helme
das **Hemd,** die Hemden
die **Hem|mung,** die Hemmungen
hemmungslos
der **Hengst,** die Hengste
der **Hen|kel,** die Henkel
die **Hen|ne,** die Hennen
her
hin und her
he|rab
he|ran
he|rauf

Himbeere

    he|raus
    her|bei
die **Her|ber|ge,** die Herbergen
der **Herbst**
    herbstlich
    die Herbstzeitlose
der **Herd,** die Herde
    die Herdplatte
die **Her|de,** die Herden
    he|rein
der **He|ring,** die Heringe
der **Herr,** die Herren
    herrenlos
    herr|lich
    die Herrlichkeit
    herr|schen, du herrschst
    herrschaftlich
    der Herrscher,
    die Herrscherin
    her|stel|len, du stellst her
    die Herstellung
    he|rü|ber
    he|rum
    he|run|ter
    her|vor
    hervorragend
das **Herz,** die Herzen
    der Herzenswunsch
    herzhaft
    herzlich
    herzzerreißend
    Hes|sen
    het|zen, du hetzt
    die Hetze
    die Hetzerei
das **Heu**
    der Heuschnupfen

    heu|cheln, du heuchelst
    der Heuchler,
    die Heuchlerin
    heuchlerisch
    heu|len, du heulst
die **Heu|schre|cke,**
    die Heuschrecken
    heu|te
    heute Abend
    heute früh
    heutzutage
die **He|xe,** die Hexen
    die Hexerei

Hi
der **Hieb,** die Hiebe
    hier
    hier bleiben
    hier|her
    hierher kommen
    hier|mit
die **Hie|ro|gly|phe,**
    die Hieroglyphen
die **Hil|fe,** die Hilfen
    hilflos
    hilfsbereit
die **Him|bee|re,** die Himbeeren

heimlich

Himmel

der	**Him|mel,** die Himmel
	himmelhoch
	die Himmelsrichtung
	himmlisch
	hin
	hin und her
	hinfallen
	hi|nauf
	hi|naus
das	**Hin|der|nis,** die Hindernisse
	hindern
der	**Hin|du|is|mus**
	hi|nein
	hin|ken, du hinkst
	hin|ten
	hin|ter, hintere
	die hintere Reihe
	hintereinander
	der Hintergrund
	hinterher
	hinterlistig
	das Hinterrad
der	**Hin|tern,** die Hintern 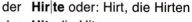
	hi|nü|ber
	hi|nun|ter
der	**Hin|weis,** die Hinweise
das	**Hirn,** die Hirne
der	**Hirsch,** die Hirsche
	das Hirschgeweih
die	**Hir|se**

der	**Hir|te** oder: Hirt, die Hirten
der	**Hit,** die Hits
	die Hitparade
die	**Hit|ze**
	hitzefrei haben
	oder: Hitzefrei haben

Ho

das	**Hob|by,** die Hobbys
der	**Ho|bel,** die Hobel
	hobeln
	hoch, höher, am höchsten
	der hohe Turm
	das Hoch
	hochgehen
	das Hochhaus
	hochkant
	hochnäsig
	der Hochsprung
	der Hochstapler, die Hochstaplerin
	das Hochwasser
	höchs|tens
die	**Hoch|zeit,** die Hochzeiten
	das Hochzeitskleid
	ho|cken, du hockst
	die Hocke
	der Hocker
das	**Ho|ckey**
	Hockey spielen
der	**Ho|den,** die Hoden
der	**Hof,** die Höfe

Humus

	hof|fen, du hoffst
	hoffentlich
die	Hoffnung
	hoffnungslos
	höf|lich
die	Höflichkeit
die	**Hö|he,** die Höhen
der	Höhepunkt
	hohl
die	**Höh|le,** die Höhlen
der	**Hohn**
	höhnisch
der	**Ho|kus|po|kus**
	ho|len, du holst
	Hol|land
	holländisch
die	**Höl|le,** die Höllen
	hol|pe|rig oder: holprig
der	**Ho|lun|der,** die Holunder
das	**Holz,** die Hölzer
	der Holzwurm
die	**Home|page,**
	die Homepages
	ho|mo|se|xu|ell
der	**Ho|nig**
	honigsüß
der	**Hop|fen**
	hop|peln, du hoppelst
	Hopp|la!
	hop|sen, du hopst
	hö|ren, du hörst
	der Hörer, die Hörerin
	das Hörgerät

der	**Ho|ri|zont,** die Horizonte
das	**Horn,** die Hörner
die	**Hor|nis|se,** die Hornissen
der	**Hor|ror**
	der Horrorfilm
der	**Hort,** die Horte
die	**Ho|se,** die Hosen
das	**Ho|tel,** die Hotels
	das Hotelzimmer

Hu

	hübsch
der	**Hub|schrau|ber,** die Hubschrauber
	hu|cke|pack
	huckepack tragen
der	**Huf,** die Hufe
	das Hufeisen
	der Hufkratzer
die	**Hüf|te,** die Hüften
der	**Hü|gel,** die Hügel
	hü|ge|lig oder: hüglig
das	**Huhn,** die Hühner
	Hui!
die	**Hül|le,** die Hüllen
die	**Hül|se,** die Hülsen
	die Hülsenfrucht
die	**Hum|mel,** die Hummeln
der	**Hu|mor**
	humorlos
	hum|peln, du humpelst
der	**Hu|mus**

das Hochwasser

Hund

der **Hund,** die Hunde
hundemüde
die Hunderasse
hundsgemein
hun|dert
hundert Euro
hundertmal
der Hundertmeterlauf
hunderttausend
der **Hun|ger**
Hunger haben
hungern
hungrig
die **Hu|pe,** die Hupen
hupen
hüp|fen, du hüpfst
die **Hür|de,** die Hürden
der Hürdenlauf
Hur|ra!
hu|schen, du huschst
hus|ten, du hustest
der Husten
der Hustensaft
der **Hut,** die Hüte
hü|ten, du hütest
sich hüten
der Hütehund
die **Hüt|te,** die Hütten

Hy

die **Hy|ä|ne,** die Hyänen
die **Hy|a|zin|the,** die Hyazinthen
der **Hy|drant,** die Hydranten
hy|gi|e|nisch
die Hygiene
die **Hym|ne,** die Hymnen
hys|te|risch

Ic
der **IC,** die ICs
der Intercity
der **ICE,** die ICEs
der Intercityexpress
ich

Id
i|de|al
die **I|dee,** die Ideen
i|di|o|tisch
idiotensicher

Ig
der **I|gel,** die Igel
der **Ig|lu** oder: das Iglu, die Iglus

Ih
ihm
ich schenke ihm ein Buch
ihn
ich liebe ihn
ih|nen
ich gebe ihnen Unterricht
ihr
ihr seid groß
ich reiche ihr die Tasse
ih|re
das sind ihre Sachen
ihretwegen

Il
der **Il|tis,** die Iltisse

inzwischen

Im
    im (in dem)
    im Garten
der **Im|biss,** die Imbisse
    die Imbissbude
der **Im|ker,** die Imker
die **Im|ke|rin,** die Imkerinnen
    im|mer
    immer wieder
    immerzu
    imp|fen, du wirst geimpft
    der Impfpass
    die Impfung
    im|po|nie|ren,
    du imponierst mir

In
    in
    in diesem Zimmer
    in sein
    in|dem
der **In|di|a|ner,** die Indianer
    der Indianerstamm
die **In|di|a|ne|rin,**
    die Indianerinnen
    In|di|en
    indisch
die **In|dus|trie,** die Industrien
    in|ei|nan|der
die **In|fek|tion,** die Infektionen
    der Infekt
der **In|fi|ni|tiv,** die Infinitive
die **In|for|ma|ti|on,**
    die Informationen
    der Informatiker,
    die Informatikerin
    informieren

der **In|ge|nieur,**
    die Ingenieure
die **In|ge|nieu|rin,**
    die Ingenieurinnen
der **In|ha|ber,** die Inhaber
die **In|ha|be|rin,** die Inhaberinnen
    in|ha|lie|ren, du inhalierst
der **In|halt,** die Inhalte
    das Inhaltsverzeichnis
    in|nen
    die Innenstadt
    in|ner|halb
    ins (in das)
    ins Haus gehen
das **In|sekt,** die Insekten
die **In|sel,** die Inseln
    ins|ge|samt
der **In|stal|la|teur,**
    die Installateure
die **In|stal|la|teu|rin,**
    die Installateurinnen
der **Ins|tinkt,** die Instinkte
das **Ins|tru|ment,** die Instrumente
    in|tel|li|gent
    die Intelligenz
    in|ten|siv
    die Intensivstation
    in|te|res|sant
    das Interesse
    sich interessieren
das **In|ter|nat,** die Internate
    in|ter|na|ti|o|nal
das **In|ter|net**
das **In|ter|view,** die Interviews
    interviewen
die **I|nu|it**
    in|zwi|schen

77

Irak

Ir
der **I|rak**
irakisch
der **I|ran**
iranisch
ir|gend|ein, irgendeine,
irgendeiner
ir|gend|je|mand
ir|gend|wann
ir|gend|was
ir|gend|wie
ir|gend|wo
Ir|land
irisch
ir|re oder: irr
ir|ren, du irrst
sich irren
der Irrgarten
der Irrtum

Is
der **Is|lam**
islamisch
Is|land
isländisch
das Islandpony
i|so|lie|ren, du isolierst
das Isolierband
Is|ra|el
israelisch
er **ist** → sein

It
I|ta|li|en
italienisch
das **i-Tüp|fel|chen,**
die i-Tüpfelchen

Ja
ja
jawohl
die **Jacht,** die Jachten
die **Ja|cke,** die Jacken
ja|gen, du jagst
die Jagd
der Jagdhund
der Jäger, die Jägerin
das **Jahr,** die Jahre
jahrelang
die Jahreszeit
das Jahrhundert
jährlich
jäh|zor|nig
die **Ja|lou|sie,** die Jalousien
jam|mern, du jammerst
jämmerlich
der **Ja|nu|ar**
Ja|pan
japanisch
jä|ten, du jätest Unkraut
die **Jauche**
die Jauchegrube
jauch|zen, du jauchzt
der Jauchzer
jau|len, der Hund jault

Je
je
je drei
je mehr, desto besser
je nachdem

78

Jux

die **Jeans,** die Jeans 💬
je|de, jeder, jedes
jedenfalls
jederzeit
jedes Mal
je|doch
der **Jeep,** die Jeeps 💬
je|mals
je|mand
irgendjemand
je|ne, jener, jenes
jenseits
Je|sus
jetzt
bis jetzt
je|weils

Jo
der **Job,** die Jobs 💬
jobben
der **Jo|ckey,** die Jockeys 💬
das **Jod**
jo|deln, du jodelst
jog|gen, du joggst 💬
das Jogging
der Jogginganzug
der **Jo|gurt** oder: das Jogurt,
die Jogurts
die **Jo|han|nis|bee|re,**
die Johannisbeeren
joh|len, du johlst
das **Jo-Jo,** die Jo-Jos
der **Jo|ker,** die Joker 💬
jong|lie|ren, du jonglierst 💬
der Jongleur, die Jongleurin
der **Jour|na|list,** 💬
die Journalisten

die **Jour|na|lis|tin,** 💬
die Journalistinnen
der **Joy|stick,** die Joysticks 💬

Ju
ju|beln, du jubelst
der Jubel
jubilieren
das **Ju|bi|lä|um,** die Jubiläen
ju|cken, es juckt
der Juckreiz
das **Ju|den|tum**
der Jude, die Jüdin
jüdisch
das **Ju|do**
die **Ju|gend**
das Jugendamt
die Jugendgruppe
die Jugendherberge
jugendlich
der Jugendliche,
die Jugendliche
der **Ju|li**
der **Jum|bo,** die Jumbos 💬
jung, jünger, am jüngsten
Jung und Alt
der Junggeselle
das **Jun|ge** (Tierkind),
die Jungen
der **Jun|ge** (kein Mädchen),
die Jungen
der **Ju|ni**
der **Ju|pi|ter**
die **Ju|ry,** die Jurys 💬
das **Ju|wel,** die Juwelen
der Juwelier, die Juwelierin
der **Jux**

Kabel

Ka

- das **Ka|bel,** die Kabel
- das Kabelfernsehen
- der **Ka|bel|jau,** die Kabeljaue
  oder: Kabeljaus
- die **Ka|bi|ne,** die Kabinen
- das **Ka|brio,** die Kabrios
- die **Ka|chel,** die Kacheln
- kacheln
- der Kachelofen
- der **Kä|fer,** die Käfer
- der **Kaf|fee**
- Kaffee trinken
- die Kaffeebohne
- der Kaffeeklatsch
- der **Kä|fig,** die Käfige
- **kahl**
- kahl fressen
- kahlköpfig
- der Kahlschlag
- der **Kahn,** die Kähne
- der **Kai,** die Kais
- der **Kai|ser,** die Kaiser
- die Kaiserkrone
- der Kaiserschmarren
- die **Kai|se|rin,** die Kaiserinnen
- der **Ka|jak** oder: das Kajak,
  die Kajaks
- die **Ka|jü|te,** die Kajüten
- der **Ka|kao**
- der Kakaobaum
- der **Ka|ker|lak,** die Kakerlaken
- der **Kak|tus,** die Kakteen

- das **Kalb,** die Kälber
- das **Ka|lei|dos|kop,**
  die Kaleidoskope
- der **Ka|len|der,** die Kalender
- der **Kalk**
- der Kalkstein
- kalkweiß
- die **Ka|lo|rie,** die Kalorien
- **kalt,** kälter, am kältesten
- kaltblütig
- die Kälte
- das **Ka|mel,** die Kamele
- die **Ka|me|ra,** die Kameras
- der **Ka|me|rad,** die Kameraden
- kameradschaftlich
- die **Ka|me|ra|din,**
  die Kameradinnen
- die **Ka|mil|le**
- der Kamillentee
- der **Ka|min,** die Kamine
- der Kaminkehrer
- der **Kamm,** die Kämme
- sich kämmen
- die **Kam|mer,** die Kammern
- der Kammerjäger
- die Kammermusik
- der **Kampf,** die Kämpfe
- kämpfen
- der **Kämpfer,** die Kämpferin
- kämpferisch
- der Kampffisch
- **Ka|na|da**
- kanadisch
- der **Ka|nal,** die Kanäle
- die Kanalisation
- der **Ka|na|ri|en|vo|gel,**
  die Kanarienvögel

80

Kasper

der **Kan|di|dat,** die Kandidaten
kandidieren
die **Kan|di|da|tin,**
die Kandidatinnen
das **Kän|gu|ru,** die Kängurus
das **Ka|nin|chen,** die Kaninchen
der **Ka|nis|ter,** die Kanister
die **Kan|ne,** die Kannen
das Kännchen
der **Ka|non,** die Kanons
die **Ka|no|ne,** die Kanonen
die Kanonenkugel
die **Kan|te,** die Kanten
kantig
die **Kan|ti|ne,** die Kantinen
das **Ka|nu,** die Kanus
die **Kan|zel,** die Kanzeln
der **Kanz|ler,** die Kanzler
die **Kanz|le|rin,**
die Kanzlerinnen
die **Ka|pel|le,** die Kapellen
ka|pern, ein Schiff wird
gekapert
ka|pie|ren, du kapierst
der **Ka|pi|tän,** die Kapitäne
das **Ka|pi|tel,** die Kapitel
die Kapitelüberschrift
die **Kap|pe,** die Kappen
das Käppi
die **Kap|sel,** die Kapseln
ka|putt
kaputtgehen
kaputtmachen
die **Ka|pu|ze,** die Kapuzen
mit **Ka|ra|cho**
die **Ka|ram|bo|la|ge,**
die Karambolagen

das **Ka|ra|te**
die **Ka|ra|wa|ne,** die Karawanen
der **Kar|di|nal,** die Kardinäle
karg
ka|riert
die **Ka|ri|es**
kariös
der **Kar|ne|val**
der Karnevalszug
das **Ka|ro,** die Karos
die **Ka|ros|se|rie,**
die Karosserien
die **Ka|rot|te,** die Karotten
der **Karp|fen,** die Karpfen
die **Kar|re** oder: der Karren,
die Karren
karren
die **Kar|te,** die Karten
das Kartenspiel
das Kartentelefon
die **Kar|tei,** die Karteien
der Karteikasten
die **Kar|tof|fel,** die Kartoffeln
der Kartoffelbrei
die Kartoffelchips
der Kartoffelkäfer
der Kartoffelpuffer
der **Kar|ton,** die Kartons
das **Ka|rus|sell,** die Karussells
oder: Karusselle
der **Kä|se,** die Käse
käseweiß
die **Ka|ser|ne,** die Kasernen
der **Kas|per,** die Kasper
das Kasperle
oder: der Kasperle
das Kasperletheater

Kasse

die **Kas|se,** die Kassen
kassieren
der Kassierer,
die Kassiererin
die **Kas|set|te,** die Kassetten
der Kassettenrekorder
die **Kas|ta|nie,** die Kastanien
kastanienbraun
der **Kas|ten,** die Kästen
der **Ka|ta|log,** die Kataloge
der **Ka|ta|ly|sa|tor,**
die Katalysatoren
der Kat
die **Ka|tas|tro|phe,**
die Katastrophen
katastrophal
der **Ka|ter,** die Kater
die **Ka|the|dra|le,**
die Kathedralen
ka|tho|lisch
der Katholik, die Katholikin
die **Kat|ze,** die Katzen
das Katzenauge
der Katzensprung
die Katzenwäsche
kau|en, du kaust
der Kaugummi
oder: das Kaugummi
kau|ern, du kauerst
kau|fen, du kaufst
der Käufer, die Käuferin
die Kaufleute
käuflich
der Kaufmann, die Kauffrau
die **Kaul|quap|pe,**
die Kaulquappen
kaum

der Kerzenständer

der **Kauz,** die Käuze
das Käuzchen

Ke

der **Ke|bab,** die Kebabs
der **Ke|gel,** die Kegel
die Kegelbahn
kegeln
die **Keh|le,** die Kehlen
der Kehlkopf
keh|ren, du kehrst
die Kehrmaschine
kei|fen, du keifst
der **Keil,** die Keile
der **Keim,** die Keime
keimen
der Keimling

82

Kino

kein, keine, keiner
keinesfalls
keineswegs
der **Keks** oder: das Keks,
die Kekse oder: Keks
die Keksdose
der **Kelch,** die Kelche
die **Kel|le,** die Kellen
der **Kel|ler,** die Keller
die Kellertreppe
der **Kell|ner,** die Kellner
die **Kell|ne|rin,** die Kellnerinnen
der **Kel|te,** die Kelten
die **Kel|tin,** die Keltinnen
Ke|nia
kenianisch
ken|nen, du kennst,
er kannte, sie hat gekannt
kennen lernen
das Kennwort
das Kennzeichen
ken|tern, das Boot kentert
die **Ke|ra|mik,** die Keramiken
die **Ker|be,** die Kerben
der **Kerl,** die Kerle
der **Kern,** die Kerne
kerngesund
kernlos
das Kernobst
das **Kern|kraft|werk,**
die Kernkraftwerke
die Kernenergie
die **Ker|ze,** die Kerzen
kerzengerade
der Kerzenständer
der **Kes|sel,** die Kessel
das **Ket|chup** oder: der Ketchup

das **Ket|schup**
oder: der Ketschup
die **Ket|te,** die Ketten
keu|chen, du keuchst
der Keuchhusten
die **Keu|le,** die Keulen
das **Key|board,** ✎❗
die Keyboards

Ki
ki|chern, du kicherst
ki|cken, du kickst
der **Kie|fer** (Knochen),
die Kiefer
der Kieferorthopäde
die **Kie|fer** (Baum), die Kiefern
das Kiefernholz
Kiel
der **Kiel,** die Kiele
die **Kie|me,** die Kiemen
der **Kies**
der Kieselstein
die Kiesgrube
das **Ki|lo** (kg), die Kilos
das Kilogramm
der **Ki|lo|me|ter** (km),
die Kilometer
der Kilometerzähler
das **Kind,** die Kinder
der Kindergarten
der Kinderhort
kindisch
kindlich
die Kindertagesstätte
das **Kinn,** die Kinne
der Kinnhaken
das **Ki|no,** die Kinos

Kiosk

der **Ki|osk,** die Kioske
kip|pen, du kippst
der Kipper
die **Kir|che,** die Kirchen
die Kirchenglocke
der Kirchturm
die **Kir|mes**
die **Kir|sche,** die Kirschen
der Kirschbaum
kirschrot
der Kirschsaft
das **Kis|sen,** die Kissen
die Kissenschlacht
die **Kis|te,** die Kisten
der **Kitsch**
kitschig
der **Kitt**
kitten
der **Kit|tel,** die Kittel
kit|zeln, du kitzelst
kitzelig oder: kitzlig
die **Ki|wi,** die Kiwis

Kl

die **Klad|de,** die Kladden
kläf|fen, der Hund kläfft
der Kläffer

kla|gen, du klagst
die Klage
der Kläger, die Klägerin
die **Klam|mer,** die Klammern
klammern
die **Kla|mot|ten**
der **Klang,** die Klänge
die **Klap|pe,** die Klappen
klap|pen, es klappt
klap|pern, die Tür klappert
klapperig oder: klapprig
die Klapperschlange
der **Klaps,** die Klapse
klar
die Kläranlage
klären
die Klarsichtfolie
die **Kla|ri|net|te,** die Klarinetten
die **Klas|se,** die Klassen
der Klassenkamerad,
die Klassenkameradin
Klas|se!
klat|schen, du klatschst
klatsch|nass
die **Klaue,** die Klauen
klau|en, du klaust
das **Kla|vier,** die Klaviere

in der Klemme sitzen

knattern

kle|ben, du klebst
klebrig
der Klebstoff
der Klecks, die Kleckse
kleckern
klecksen
der Klee
das Kleeblatt
das Kleid, die Kleider
sich kleiden
die Kleidung
klein
ein klein wenig
Groß und Klein
etwas Kleines
die Kleinigkeit
kleinlich
der Kleister
klem|men, die Tür klemmt
die Klemme
in der Klemme sitzen
der Klemp|ner, die Klempner
die Klemp|ne|rin,
die Klempnerinnen
die Klet|te, die Kletten
der Klettverschluss
klet|tern, du kletterst
der Kletterer, die Kletterin
kli|cken, die Kamera klickt
das Kli|ma
die Klimaanlage
klim|pern, du klimperst
die Klin|ge, die Klingen
klin|geln, du klingelst
die Klingel
klin|gen, die Glocke klingt,
sie klang, sie hat geklungen

die Kli|nik, die Kliniken
die Klin|ke, die Klinken
die Klip|pe, die Klippen
klipp und klar
klir|ren, das Glas klirrt
klit|ze|klein
das Klo, die Klos
das Klosett
klop|fen, du klopfst
der Klops, die Klöpse
der Kloß, die Klöße
das Klos|ter, die Klöster
der Klotz, die Klötze
klotzig
der Klub, die Klubs
klug, klüger, am klügsten
die Klugheit
der Klum|pen, die Klumpen

Kn
knab|bern, du knabberst
der Kna|be, die Knaben
das Knä|cke|brot,
die Knäckebrote
kna|cken, der Ast knackt
knackig
der Knacks
die Knackwurst
knal|len, die Tür knallt
der Knall
knallhart
knallrot
knapp
die Knappheit
knar|ren, der Boden knarrt
knat|tern, der Auspuff
knattert

85

Knäuel

der **Knäu|el** oder: das Knäuel,
die Knäuel
knau|sern, du knauserst
knauserig oder: knausrig
der **Kne|bel,** die Knebel
knebeln
der **Knecht,** die Knechte
knei|fen, du kneifst, er kniff,
sie hat gekniffen
die Kneifzange
die **Knei|pe,** die Kneipen
kne|ten, du knetest
die Knetmasse
kni|cken, du knickst
der Knick
der **Knicks,** die Knickse
knicksen
das **Knie,** die Knie
die Kniebeuge
die Kniekehle
knien
der **Kniff,** die Kniffe
kniffelig oder: knifflig
knip|sen, du knipst
der Knipser
der **Knirps,** die Knirpse
knir|schen, du knirschst
knis|tern, das Feuer knistert
knit|tern, der Stoff knittert
kno|beln, du knobelst
der **Knob|lauch**
die Knoblauchzehe
der **Knö|chel,** die Knöchel
der **Kno|chen,** die Knochen
das Knochenmark
knochig
der **Knö|del,** die Knödel

die **Knol|le,** die Knollen
der **Knopf,** die Knöpfe
der Knopfdruck
knöpfen
der **Knor|pel,** die Knorpel
knorpelig oder: knorplig
knor|rig
die **Knos|pe,** die Knospen
der **Kno|ten,** die Knoten
knoten
der **Knül|ler,** die Knüller
knüp|fen, du knüpfst
der **Knüp|pel,** die Knüppel
knüppeldick
knur|ren, der Hund knurrt
knus|pern, du knusperst
das Knusperhäuschen
knusperig oder: knusprig
knut|schen, du knutschst

Ko

der **Ko|a|la,** die Koalas
der **Ko|bold,** die Kobolde
die **Ko|bra,** die Kobras
ko|chen, du kochst
der Koch, die Köchin
kochend heiß
der **Kode,** die Kodes
der **Kö|der,** die Köder
ködern
der **Kof|fer,** die Koffer
der Kofferraum
der **Kohl**
der Kohlrabi
die Kohlroulade
die **Koh|le,** die Kohlen
kohlrabenschwarz

86

Konfetti

knutschen

die **Koh|len|säu|re**
die **Ko|je,** die Kojen
die **Ko|kos|nuss,**
  die Kokosnüsse
der **Kol|ben,** die Kolben
der **Kol|le|ge,** die Kollegen
die **Kol|le|gin,** die Kolleginnen
die **Ko|lon|ne,** die Kolonnen
das **Ko|ma**
  im Koma liegen
  kom|bi|nie|ren,
  du kombinierst
  der Kombi
  die Kombination
der **Ko|met,** die Kometen
der **Kom|fort**
  komfortabel
  ko|misch
  der Komiker, die Komikerin
  komischerweise
das **Kom|ma,** die Kommas
  oder: Kommata
  kom|man|die|ren,
  du kommandierst
  das Kommando
  kom|men, du kommst,
  er kam, sie ist gekommen
der **Kom|men|tar,**
  die Kommentare
der **Kom|mis|sar,**
  die Kommissare
die **Kom|mis|sa|rin,**
  die Kommissarinnen
die **Kom|mo|de,** die Kommoden
die **Kom|mu|ni|on,**
  die Kommunionen
  das Kommunionkind

kom|pakt
der **Kom|pass,** die Kompasse
kom|plett
das **Kom|pli|ment,**
  die Komplimente
der **Kom|pli|ze,** die Komplizen
kom|pli|ziert
die **Kom|pli|zin,**
  die Komplizinnen
der **Kom|po|nist,**
  die Komponisten
die **Kom|po|nis|tin,**
  die Komponistinnen
der **Kom|post**
das **Kom|pott,** die Kompotte
die **Kom|pres|se,**
  die Kompressen
der **Kom|pro|miss,**
  die Kompromisse
die **Kon|di|ti|on**
die **Kon|di|to|rei,**
  die Konditoreien
  der Konditor, die Konditorin
das **Kon|dom,** die Kondome
die **Kon|fe|renz,**
  die Konferenzen
das **Kon|fet|ti**

87

Konfirmation

die **Kon|fir|ma|ti|on,**
die Konfirmationen
der Konfirmand,
die Konfirmandin
die **Kon|fi|tü|re,** die Konfitüren
der **Kon|flikt,** die Konflikte
der **Kö|nig,** die Könige
königlich
die **Kö|ni|gin,** die Königinnen
kön|nen, du kannst,
er konnte, sie hat gekonnt
der Könner, die Könnerin
der **Kon|rek|tor,** die Konrektoren
die **Kon|rek|to|rin,**
die Konrektorinnen
die **Kon|ser|ve,** die Konserven
die Konservendose
konserviert
das Konservierungsmittel
der **Kon|so|nant,**
die Konsonanten
kon|stru|ie|ren,
du konstruierst
die Konstruktion

der **Kon|takt,** die Kontakte
die Kontaktlinse
der **Kon|ti|nent,** die Kontinente
das **Kon|to,** die Kontos
oder: Konten
kon|tra
der **Kon|tra|bass,**
die Kontrabässe
der **Kon|trast,** die Kontraste
die **Kon|trol|le,** die Kontrollen
der Kontrolleur,
die Kontrolleurin
kontrollieren
sich **kon|zen|trie|ren,**
du konzentrierst dich
die Konzentration
das **Kon|zert,** die Konzerte
der **Kopf,** die Köpfe
Kopf stehen
von Kopf bis Fuß
köpfen
der Kopfhörer
das Kopfrechnen
der Kopfsprung
kopfüber
ko|pie|ren, du kopierst
die Kopie
die **Kop|pel,** die Koppeln
die **Ko|ral|le,** die Korallen
das Korallenriff
der **Ko|ran**
der **Korb,** die Körbe
der Korbball
die **Kor|del,** die Kordeln
der **Kork**
der Korken
der Korkenzieher

kopfüber

Krater

das **Korn,** die Körner
die Kornblume
körnig
der **Kör|per,** die Körper
körperbehindert
der Körperteil
kor|rekt
die Korrektur
kor|ri|gie|ren, du korrigierst
der **Ko|se|na|me,** die Kosenamen
die **Kos|me|tik**
der **Kos|mos**
der Kosmonaut,
die Kosmonautin
kos|ten (probieren),
du kostest das Eis
köstlich
die Kostprobe
kos|ten (Geld kosten),
es kostet
die Kosten
kostenlos
das **Kos|tüm,** die Kostüme
kostümieren
der **Kot**
der Kotflügel
das **Ko|te|lett,** die Koteletts
kot|zen, du kotzt

Kr

die **Krab|be,** die Krabben
der Krabbenfischer
krab|beln, das Baby
krabbelt
die Krabbelstube
der **Krach,** die Kräche
Krach machen

kräch|zen, du krächzt
die **Kraft,** die Kräfte
kräftig
die Kraftprobe
das Kraftwerk
das **Kraft|fahr|zeug** (Kfz),
die Kraftfahrzeuge
der Kraftfahrzeug-
mechaniker,
die Kraftfahrzeug-
mechanikerin
der **Kra|gen,** die Kragen
die **Krä|he,** die Krähen
krä|hen, der Hahn kräht
der **Kra|ke,** die Kraken
kra|ke|lig oder: kraklig
die **Kral|le,** die Krallen
der **Kram**
kramen
der **Krampf,** die Krämpfe
krampfhaft
der **Kran,** die Kräne
der Kranführer,
die Kranführerin
der **Kra|nich,** die Kraniche
krank, kränker,
am kränksten
der Kranke, die Kranke
das Krankenhaus
der Krankenpfleger,
die Krankenschwester
der Krankenwagen
die Krankheit
krän|ken, du kränkst
der **Kranz,** die Kränze
krass
der **Kra|ter,** die Krater

kratzen

krat|zen, du kratzt
sich kratzen
der Kratzer
kratzig
krau|len, du kraulst
kraus
kräuseln
das Kraut, die Kräuter
der Kräutertee
der Kra|wall
die Kra|wat|te, die Krawatten
der Krebs (Schalentier),
die Krebse
krebsrot
der Krebs (Krankheit)
krebskrank
der Kre|dit, die Kredite
die Kreditkarte
die Krei|de, die Kreiden
kreidebleich
der Kreis, die Kreise
der Kreisel
kreisen
der Kreislauf
die Kreissäge
der Kreisverkehr
krei|schen, du kreischst
die Krem, die Krems
kremig
das Krepp|pa|pier
oder: Krepp-Papier
die Kres|se
das Kreuz, die Kreuze
kreuz und quer
kreuzen
die Kreuzung
die Kreuz|ot|ter, die Kreuzottern

krib|beln, die Haut kribbelt
krie|chen, du kriechst,
er kroch, sie ist gekrochen
das Kriechtier
der Krieg, die Kriege
kriegerisch
krie|gen, du kriegst
der Kri|mi, die Krimis
die Kriminalpolizei
kriminell
der Krims|krams
der Krin|gel, die Kringel
die Krip|pe, die Krippen
das Krippenspiel
die Kri|se, die Krisen
der Kris|tall, die Kristalle
die Kri|tik, die Kritiken
kritisch
kritisieren
krit|zeln, du kritzelst
Kro|a|ti|en
kroatisch
die Kro|ket|te, die Kroketten
das Kro|ko|dil, die Krokodile
der Kro|kus, die Krokusse
die Kro|ne, die Kronen
krönen
kross
die Krö|te, die Kröten
die Krü|cke, die Krücken
der Krug, die Krüge
der Krü|mel, die Krümel
krümeln
krumm
der Krupp|hus|ten
die Krus|te, die Krusten
das Krustentier

Kurs

Ku
- der **Kü|bel,** die Kübel
- die **Kü|che,** die Küchen
- der **Ku|chen,** die Kuchen
  - das Kuchenblech
  - der Kuchenteig
- der **Ku|ckuck,** die Kuckucke
  - die Kuckucksuhr
- die **Ku|fe,** die Kufen
- die **Ku|gel,** die Kugeln
  - das Kugellager
  - kugelrund
  - der Kugelschreiber
- die **Kuh,** die Kühe
  - der Kuhfladen
- **kühl**
- kühlen
- der Kühler
- der Kühlschrank
- die Kühltruhe
- die **Kuh|le,** die Kuhlen
- **kühn**
  - die Kühnheit
- das **Kü|ken,** die Küken
- der **Ku|li,** die Kulis
- die **Ku|lis|se,** die Kulissen
- **kul|lern,** der Ball kullert
- die **Kul|tur,** die Kulturen
  - kulturell
- der **Küm|mel**
- der **Kum|mer**
  - kümmerlich
- sich **küm|mern,**
  - du kümmerst dich
- der **Kum|pel,** die Kumpel
- der **Kun|de,** die Kunden
  - die Kundschaft

kün|di|gen, du kündigst
die Kündigung
- die **Kun|din,** die Kundinnen
- **künf|tig**
- die **Kunst,** die Künste
  - der Künstler, die Künstlerin
  - das Kunststück
  - das Kunstwerk
- **künst|lich**
- der Kunststoff
- **kun|ter|bunt**
- das **Kup|fer**
- die **Kup|pel,** die Kuppeln
- die **Kupp|lung,** die Kupplungen
  - kuppeln
- die **Kur,** die Kuren
  - der Kurgast
  - kurieren
- die **Kür,** die Küren
- die **Kur|bel,** die Kurbeln
  - kurbeln
- der **Kür|bis,** die Kürbisse
  - der Kürbiskern
- der **Ku|rier,** die Kuriere
- der **Kurs,** die Kurse

der Kummer

Kurve

die **Kur|ve,** die Kurven
kurvenreich
kurvig
kurz, kürzer, am kürzesten
kurzärmelig
oder: kurzärmlig
kurzfristig
kürzlich
kurzsichtig
ku|scheln, du kuschelst
das Kuscheltier
kuschelig oder: kuschlig
die **Ku|si|ne,** die Kusinen
das **Kus|kus** oder: der Kuskus
der **Kuss,** die Küsse
küssen
die **Küs|te,** die Küsten
die **Kut|sche,** die Kutschen
kutschieren
die **Kut|te,** die Kutten
der **Kut|ter,** die Kutter
das **Ku|vert,** die Kuverts

La

la|bern, du laberst
das **La|bor,** die Labors
oder: Labore
das **La|by|rinth,** die Labyrinthe
la|chen, du lachst
lächeln
das Lächeln
das Lachen
lächerlich

der **Lachs,** die Lachse
der **Lack,** die Lacke
lackieren
die Lackierung
la|den, du lädst, er lud,
sie hat geladen
die Ladung
der **La|den,** die Läden
der Ladenhüter
die **La|ge,** die Lagen
in der Lage sein
das **La|ger,** die Lager
das Lagerfeuer
lagern
die Lagerung
lahm
lahm legen
lahmen
lähmen
die Lähmung
der **Laib,** die Laibe
ein Laib Brot
lai|chen, der Frosch laicht
der Laich
der **Laie,** die Laien
das **La|ken,** die Laken
der **La|kritz** oder: das Lakritz,
die Lakritze
lal|len, du lallst
das **La|ma,** die Lamas
das **La|met|ta**
das **Lamm,** die Lämmer
das Lämmchen
lammfromm
die **Lam|pe,** die Lampen
das Lampenfieber
der **Lam|pi|on,** die Lampions

92

lauschen

das **Land,** die Länder
die Landkarte
ländlich
die Landschaft
die Landstraße
lan|den, du landest
die Landebahn
die Landung
die **Land|wirt|schaft**
der Landwirt, die Landwirtin
lang, länger, am längsten
langärmelig
oder: langärmlig
die Länge
der Langlauf
länglich
längst
lang|sam
die Langsamkeit
lang|wei|lig
der **Lap|pen,** die Lappen
läp|pisch
der **Lap|top,** die Laptops
die **Lär|che,** die Lärchen
der **Lärm**
die Lärmbelästigung
lärmen
die **Lar|ve,** die Larven
lasch
die **La|sche,** die Laschen
der **La|ser,** die Laser
der Laserstrahl
las|sen, du lässt, er ließ,
sie hat gelassen
Lass los!
läs|sig
das **Las|so,** die Lassos

die **Last,** die Lasten
der Lastkraftwagen (LKW)
der Lastwagen
läs|tern, du lästerst
läs|tig
La|tein
lateinisch
die **La|ter|ne,** die Laternen
der Laternenpfahl
lat|schen, du latschst
die Latschen
die **Lat|te,** die Latten
der Lattenrost
der **Latz,** die Lätze
das Lätzchen
die Latzhose
lau
lauwarm
das **Laub**
der Laubbaum
der Laubwald
der **Lauch**
lau|ern, du lauerst
auf der Lauer sein
lau|fen, du läufst, er lief,
sie ist gelaufen
der Lauf
der Läufer, die Läuferin
die Laufkarte
das Laufwerk
der Laufzettel
die **Lau|ge,** die Laugen
das Laugenbrötchen
die **Lau|ne,** die Launen
launisch
die **Laus,** die Läuse
lau|schen, du lauschst

93

laut

lebensgefährlich

laut
der Laut
lauthals
lautlos
der Lautsprecher
die Lautstärke
läu|ten, es läutet
lau|ter
lauter Blödsinn
die **La|va**
der Lavastrom
der **La|ven|del**
die **La|wi|ne,** die Lawinen
die Lawinengefahr

Le
le|ben, du lebst
das Leben
lebendig
lebensgefährlich
das Lebensmittel
das Lebewesen
lebhaft

die **Le|ber,** die Lebern
der Leberfleck
die Leberwurst
der **Leb|ku|chen,** die Lebkuchen
lech|zen, du lechzt
das **Leck,** die Lecks
le|cken, du leckst
le|cker
der Leckerbissen
das **Le|der**
le|dig
le|dig|lich
leer
die Leere
leeren
der Leerlauf
die **Le|gas|the|nie**
le|gen, du legst
sich legen
die **Le|gen|de,** die Legenden
die **Leg|gings** oder: Leggins
der **Lehm**
der Lehmboden
lehmig
die **Leh|ne,** die Lehnen
leh|ren, du lehrst
die Lehre
der Lehrer, die Lehrerin
der **Leib,** die Leibe
das Leibgericht
der Leibwächter
die **Lei|che,** die Leichen
leichenblass
der Leichnam
leicht
die Leichtigkeit
leichtsinnig

94

Lid

die **Leicht|ath|le|tik**
lei|den, du leidest, er litt,
sie hat gelitten
das Leid
es tut mir leid
leidend
die **Lei|den|schaft,**
die Leidenschaften
leidenschaftlich
lei|der
lei|ern, du leierst
der Leierkasten
lei|hen, du leihst, er lieh,
sie hat geliehen
die Leihbücherei
der **Leim**
leimen
die **Lei|ne,** die Leinen
das **Lei|nen**
die Leinwand
lei|se
die **Leis|te,** die Leisten
leis|ten, du leistest
sich etwas leisten
die Leistung
der Leistungssport
lei|ten, du leitest
der Leiter, die Leiterin
die Leitplanke
die Leitung
die **Lei|ter,** die Leitern
der Leiterwagen
die **Lek|ti|on,** die Lektionen
len|ken, du lenkst
der Lenker
das Lenkrad
die Lenkung

der **Le|o|pard,** die Leoparden
die **Ler|che,** die Lerchen
ler|nen, du lernst
Englisch lernen
lesen lernen
kennen lernen
le|sen, du liest, er las,
sie hat gelesen
Lies!
das Lesebuch
der Leser, die Leserin
die Leseratte
leserlich
letz|te
der Letzte, die Letzte
zum letzten Mal
als Letzter, als Letzte
leuch|ten, die Lampe
leuchtet
leuchtend rot
der Leuchtturm
leug|nen, du leugnest
die **Leu|kä|mie**
die **Leu|te**
der **Le|vel,** die Levels
das **Le|xi|kon,** die Lexika

Li

die **Li|bel|le,** die Libellen
der **Li|be|ro,** die Liberos
das **Licht,** die Lichter
lichterloh
die Lichtgeschwindigkeit
der Lichtschutzfaktor
die **Lich|tung,** die Lichtungen
das **Lid,** die Lider
der Lidschatten

lieb

lieb
am liebsten
lieb haben
die Liebe
lieben
der Liebesbrief
das Liebespaar
lieblich
der **Lieb|ling,** die Lieblinge
die Lieblingssendung
Liech|ten|stein
liechtensteinisch
das **Lied,** die Lieder
lie|fern, du lieferst
die Lieferung
der Lieferwagen
lie|gen, du liegst, er lag,
sie hat gelegen
liegen lassen
die Liege
der Liegestuhl
die Liegestütze
der **Lift,** die Lifte oder: Lifts
li|la
die Farbe Lila
lilafarben
die **Li|lie,** die Lilien
die **Li|mo|na|de,** die Limonaden
die **Lin|de,** die Linden
der Lindenblütentee
lin|dern, du linderst
das **Li|ne|al,** die Lineale
die **Li|nie,** die Linien
der Linienbus
der Linienrichter,
die Linienrichterin
liniert

links
links abbiegen
von links nach rechts
der Linksaußen
der Linkshänder,
die Linkshänderin
linksherum
die **Lin|se,** die Linsen
die **Lip|pe,** die Lippen
das Lipgloss
der Lippenstift
lis|peln, du lispelst
die **List,** die Listen
listig
die **Lis|te,** die Listen
der **Li|ter** (l) oder: das Liter,
die Liter
literweise
die **Li|te|ra|tur**
die **Lit|faß|säu|le,**
die Litfaßsäulen
live
die Livesendung

Lo

lo|ben, du lobst
das Lob
lobenswert
das **Loch,** die Löcher
lochen
löcherig oder: löchrig
die **Lo|cke,** die Locken
lockig
lo|cken, du lockst
lo|cker
lockern
lo|dern, das Feuer lodert

lügen

der **Löf|fel,** die Löffel
löffeln
lo|gisch
der **Lohn,** die Löhne
sich lohnen
die **Loi|pe,** die Loipen
das **Lo|kal,** die Lokale
die **Lo|ko|mo|ti|ve,**
die Lokomotiven
die Lok
der Lokführer,
die Lokführerin
die **Lon|ge,** die Longen
longieren
der **Loo|ping**
oder: das Looping,
die Loopings
der **Lor|beer,** die Lorbeeren
das Lorbeerblatt
los
Jetzt gehts los!
losfahren
loslassen
das **Los,** die Lose
losen
lö|schen, du löschst
das Löschblatt
lo|se
das Lösegeld
lösen
lö|sen, du löst
die Lösung
das **Lot,** die Lote
lö|ten, du lötest
der Lötkolben
der **Lot|se,** die Lotsen
lotsen

der Liebesbrief

die **Lot|te|rie,** die Lotterien
das Lotto
der **Lö|we,** die Löwen
der **Lö|wen|zahn**

Lu

der **Luchs,** die Luchse
die **Lü|cke,** die Lücken
der Lückentext
die **Luft,** die Lüfte
der Luftballon
luftdicht
lüften
die Luftpumpe
die Luftröhre
die Luftverschmutzung
lü|gen, du lügst, er log,
sie hat gelogen
die Lüge
die Lügengeschichte
der Lügner, die Lügnerin

97

Luke

die **Lu|ke,** die Luken
der **Lüm|mel,** die Lümmel
    sich lümmeln
der **Lum|pen,** die Lumpen
die **Lun|ge,** die Lungen
    die Lungenentzündung
die **Lu|pe,** die Lupen
    lupenrein
der **Lurch,** die Lurche
die **Lust**
    lustig
    lustlos
    lut|schen, du lutschst
    der Lutscher
    Lu|xem|burg
    luxemburgisch
der **Lu|xus**
    das Luxushotel

Ma

    ma|chen, du machst
der **Ma|cho,** die Machos
die **Macht,** die Mächte
    mächtig
    der Machtkampf
    ein Machtwort sprechen
die **Ma|cke,** die Macken
    eine Macke haben
das **Mäd|chen,** die Mädchen
die **Ma|de,** die Maden
    etwas madig machen
die **Magd,** die Mägde
    Mag|de|burg

der **Ma|gen,** die Mägen
    oder: Magen
    die Magenschmerzen
    ma|ger
    die Magermilch
die **Ma|gie**
    der Magier
der **Mag|net,** die Magneten
    magnetisch
    mä|hen, du mähst
    der Mähdrescher
das **Mahl,** die Mahle
    oder: Mähler
    die Mahlzeit
    mah|len, du mahlst
    der Mahlstein
die **Mäh|ne,** die Mähnen
    mah|nen, du mahnst
    die Mahnung
der **Mai**
    das Maiglöckchen
    der Maikäfer
    Mainz
der **Mais**
    maisgelb
    der Maiskolben
die **Ma|jes|tät,** die Majestäten
    majestätisch
die **Ma|jo|nä|se**
das **Make-up,** die Make-ups
die **Mak|ka|ro|ni**
der **Mak|ler,** die Makler
die **Mak|le|rin,** die Maklerinnen
    mal
    zum ersten Mal
    malnehmen
    einmal

Maskottchen

    ma|len, du malst
der Maler, die Malerin
die Malerei
die **Ma|ma,** die Mamas
das **Mam|mut,** die Mammuts
oder: Mammute
der Mammutbaum
man
man vermutet, dass ...
der **Ma|na|ger,** die Manager
die **Ma|na|ge|rin,**
die Managerinnen
man|che, mancher, manches
manchmal
die **Man|da|ri|ne,** die Mandarinen
die **Man|del,** die Mandeln
der Mandelbaum
die Mandelentzündung
die **Ma|ne|ge,** die Manegen
der **Man|gel,** die Mängel
mangelhaft
der **Man|gold**
die **Ma|nie|ren**
manierlich
der **Mann,** die Männer
männlich
die **Mann|schaft,**
die Mannschaften
der **Man|tel,** die Mäntel
die **Map|pe,** die Mappen
das Mäppchen
der **Ma|ra|thon,** die Marathons
der Marathonlauf
das **Mär|chen,** die Märchen
das Märchenbuch
märchenhaft
die Märchenstunde

der **Mar|der,** die Marder
die **Mar|ga|ri|ne**
die **Mar|ge|ri|te,** die Margeriten
der **Ma|ri|en|kä|fer,**
die Marienkäfer
die **Ma|ri|o|net|te,** die Marionetten
das Marionettentheater
die **Mar|ke,** die Marken
das Markenzeichen
mar|kie|ren, du markierst
der Marker
die Markierung
die **Mar|ki|se,** die Markisen
der **Markt,** die Märkte
der Marktplatz
die **Mar|me|la|de,**
die Marmeladen
der **Mar|mor**
der Marmorkuchen
der **Mars**
der Marsmensch
mar|schie|ren,
du marschierst
der Marsch
der **Mar|ter|pfahl,**
die Marterpfähle
martern
der **März**
der Märzenbecher
das **Mar|zi|pan**
die **Ma|sche,** die Maschen
die **Ma|schi|ne,** die Maschinen
die **Ma|sern**
die **Mas|ke,** die Masken
sich maskieren
das **Mas|kott|chen,**
die Maskottchen

99

Maß

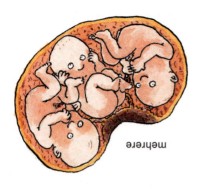
mehrere

das **Maß,** die Maße
die Maßeinheit
maßlos
der Maßstab
die **Mas|sa|ge,** die Massagen
massieren
die **Mas|se,** die Massen
massenhaft
die Massenmedien
massenweise
mas|siv
der **Mast,** die Maste
oder: Masten
das **Match,** die Matchs
oder: Matche
das **Ma|te|ri|al,** die Materialien
die **Ma|the|ma|tik**
die Mathearbeit
mathematisch
die **Ma|trat|ze,** die Matratzen
der **Ma|tro|se,** die Matrosen
der **Matsch**
matschig
matt
die Mattscheibe
die **Mat|te,** die Matten

die **Mau|er,** die Mauern
mauern
der Maurer, die Maurerin
das **Maul,** die Mäuler
maulen
die Maultasche
der **Maul|wurf,** die Maulwürfe
die **Maus,** die Mäuse
mäuschenstill
die Mausefalle
mausetot
die **Ma|yon|nai|se**

Me

der **Me|cha|ni|ker,**
die Mechaniker
mechanisch
die **Me|cha|ni|ke|rin,**
die Mechanikerinnen
me|ckern, die Ziege meckert
die Meckerei
**Meck|len|burg-
Vor|pom|mern**
die **Me|dail|le,** die Medaillen
das **Me|di|ka|ment,**
die Medikamente
das **Me|di|um,** die Medien
die **Me|di|zin**
der Medizinball
der Medizinmann
das **Meer,** die Meere
die Meerenge
die Meeresfrüchte
der Meeresspiegel
der **Meer|ret|tich**
das **Meer|schwein|chen,**
die Meerschweinchen

100

Mexiko

me|ga
megageil
das Megabyte (MB)
das **Mehl**
mehlig
mehr
mehrere
die Mehrheit
mehrmals
die Mehrzahl
mei|den, du meidest,
er mied, sie hat gemieden
die **Mei|le,** die Meilen
meilenweit
mein, meine, meiner
meinetwegen
der **Mein|eid,** die Meineide
mei|nen, du meinst
die Meinung
die **Mei|se,** die Meisen
der Meisenknödel
der **Mei|ßel,** die Meißel
meißeln
meist
meistens
der **Meis|ter,** die Meister
die Meisterschaft
die **Meis|te|rin,** die Meisterinnen
sich **mel|den,** du meldest dich
mel|ken, du melkst,
er melkte, sie hat gemolken
oder: sie hat gemelkt
die Melkmaschine
die **Me|lo|die,** die Melodien
die **Me|lo|ne,** die Melonen
das **Me|mo|ry,** die Memorys
die **Men|ge,** die Mengen

der **Mensch,** die Menschen
menschenleer
die Menschenmenge
die Menschenrechte
die Menschheit
menschlich
die **Mens|tru|a|ti|on**
das **Me|nü,** die Menüs
mer|ken, du merkst
sich etwas merken
das Merkheft
der Merksatz
merkwürdig
der **Mer|kur**
die **Mes|se,** die Messen
mes|sen, du misst, er maß,
sie hat gemessen
das **Mes|ser,** die Messer
messerscharf
das **Mes|sing**
das **Me|tall,** die Metalle
der **Me|te|o|rit,** die Meteoriten
der **Me|ter** (m) oder: das Meter,
die Meter
acht Meter lang
meterlang
das Metermaß
die **Me|tho|de,** die Methoden
der **Metz|ger,** die Metzger
die Metzgerei
die **Metz|ge|rin,**
die Metzgerinnen
die **Meu|te,** die Meuten
die Meuterei
meutern
Me|xi|ko
mexikanisch

101

miauen

Mi
mi|au|en, die Katze miaut
mich
Ohne mich!
mi|cke|rig oder: mickrig
die **Mi|cky|maus,**
die Mickymäuse
der **Mief**
die **Mie|ne,** die Mienen
mies
mies machen
sich mies fühlen
mie|ten, du mietest
die Miete
der Mieter, die Mieterin
die Mietwohnung
das **Mi|ka|do,** die Mikados
das **Mi|kro|fon,** die Mikrofone
das **Mi|kro|phon,** die Mikrophone
das **Mi|kros|kop,** die Mikroskope
die **Mi|kro|welle,** die Mikrowellen
die **Milch**
milchig
der Milchshake
die Milchstraße
der **Milch|zahn,** die Milchzähne

mild oder: milde
das **Mi|li|tär**
militärisch
die **Mil|li|ar|de,** die Milliarden
das **Mil|li|gramm** (mg),
die Milligramme
der **Mil|li|me|ter** (mm)
oder: das Millimeter,
die Millimeter
die **Mil|li|on,** die Millionen
der Millionär, die Millionärin
die Millionenstadt
die **Milz,** die Milzen
die **Mi|mik**
min|des|tens
die **Mi|ne,** die Minen
das **Mi|ne|ral,** die Mineralien
das Mineralwasser
mi|ni
das Minigolf
der Minirock
der **Mi|nis|ter,** die Minister
die **Mi|nis|te|rin,**
die Ministerinnen
mi|nus
das Minuszeichen

mischen

102

Mitternacht

die	**Mi|nu|te,** die Minuten		**mit|ei|nan|der**
	minutenlang		miteinander auskommen
	der Minutenzeiger		**mit|fah|ren** → fahren
	mir		die Mitfahrgelegenheit
	Schreibe mir bald!		**mit|füh|len** → fühlen
die	**Mi|ra|bel|le,** die Mirabellen		das Mitgefühl
	mi|schen, du mischst	das	**Mit|glied,** die Mitglieder
	der Mischmasch		der Mitgliedsausweis
	die Mischung	der	**Mit|laut,** die Mitlaute
	der Mischwald	das	**Mit|leid**
	mi|se|ra|bel	der	**Mit|mensch,**
die	**Miss**		die Mitmenschen
	Miss Germany		**mit|schul|dig**
	die Misswahl	der	**Mit|schü|ler,** die Mitschüler
der	**Miss|brauch,**	die	**Mit|schü|le|rin,**
	die Missbräuche		die Mitschülerinnen
	missbrauchen		**mit|spie|len** → spielen
der	**Miss|er|folg,** die Misserfolge		der Mitspieler,
das	**Miss|ge|schick,**		die Mitspielerin
	die Missgeschicke	der	**Mit|tag,** die Mittage
die	**Miss|hand|lung,**		am Mittag
	die Misshandlungen		gestern Mittag
	misshandeln		das Mittagessen
	miss|trau|isch		mittags
das	**Miss|ver|ständ|nis,**		der Mittagsschlaf
	die Missverständnisse		oder: Mittagschlaf
der	**Mist**	die	**Mit|te,** die Mitten
	der Misthaufen		in der Mitte
	mit		das Mittelalter
die	**Mit|ar|beit**		das Mittelfeld
	mitarbeiten		das Mittelmeer
	mit|be|stim|men		der Mittelpunkt
	→ bestimmen		mitten in der Stadt
	die Mitbestimmung		mittendrin
der	**Mit|bür|ger,** die Mitbürger		**mit|tei|len,** du teilst mit
die	**Mit|bür|ge|rin,**		die Mitteilung
	die Mitbürgerinnen	um	**Mit|ter|nacht**

Mittwoch

der **Mitt|woch,** die Mittwoche
am Mittwoch
am Mittwochabend
mittwochs
mi|xen, du mixt
der Mixer

Mo
die **Mö|bel**
ich **möch|te** → mögen
die **Mo|de,** die Moden
die Modenschau
modisch
das **Mo|del,** die Models
das **Mo|dell,** die Modelle
modellieren
das **Mo|dem,** die Modems
der **Mo|de|ra|tor,**
die Moderatoren
die **Mo|de|ra|to|rin,**
die Moderatorinnen
mo|dern, das Holz modert
moderig oder: modrig
mo|dern, die moderne
Technik
das **Mo|fa,** die Mofas
mo|geln, du mogelst
die Mogelei
mö|gen, du magst, er mag,
sie hat gemocht, ich möchte
mög|lich
möglicherweise
die Möglichkeit
möglichst
Mo|ham|med
der **Mohn**
das Mohnbrötchen

die **Möh|re,** die Möhren
die Mohrrübe
der **Molch,** die Molche
die **Mo|le,** die Molen
die **Mol|ke|rei,** die Molkereien
mol|lig
der **Mo|ment,** die Momente
der **Mo|nat,** die Monate
monatelang
monatlich
die Monatskarte
der **Mönch,** die Mönche
der **Mond,** die Monde
die Mondfinsternis
mondhell
der Mondschein
der **Mo|ni|tor,** die Monitore
das **Mons|ter,** die Monster
der **Mon|tag,** die Montage
am Montag
am Montagabend
montags
der **Mon|teur,** die Monteure
die Montage
montieren
die **Mon|teu|rin,**
die Monteurinnen
das **Moor,** die Moore
das **Moos,** die Moose
moosgrün
moosig
das **Mo|ped,** die Mopeds
mo|ra|lisch
der **Mo|rast**
der **Mord,** die Morde
der Mörder, die Mörderin
mörderisch

104

Mullbinde

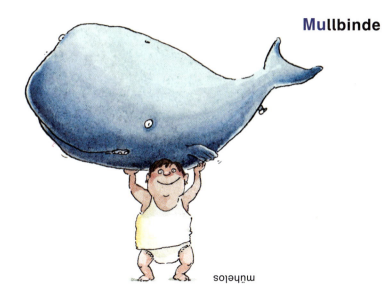

mühelos

der **Mor|gen,** die Morgen
am Morgen
gestern Morgen
morgens
eines Morgens
morsch
mor|sen, du morst
das Morsezeichen
der **Mör|tel**
das **Mo|sa|ik,** die Mosaike
oder: Mosaiken
die **Mo|schee,** die Moscheen
die **Mo|sel**
der **Mos|lem,** die Moslems
moslemisch
die **Mos|li|me,** die Moslimen
der **Most**
die Mostpresse
das **Mo|tiv,** die Motive
der **Mo|tor,** die Motoren
das Motorrad
die **Mot|te,** die Motten
mot|zen, du motzt

das **Moun|tain|bike,**
die Mountainbikes
die **Mö|we,** die Möwen

Mu
die **Mü|cke,** die Mücken
der Mückenstich
mucks|mäus|chen|still
mü|de
die Müdigkeit
muf|fig
die **Mü|he,** die Mühen
mühelos
mühsam
die **Müh|le,** die Mühlen
die **Mul|de,** die Mulden
der **Müll**
die Müllabfuhr
die Mülldeponie
der Müllmann
die Mülltonne
die Mülltrennung
die **Mull|bin|de,** die Mullbinden

105

Müller

der **Mül|ler,** die Müller
die **Mül|le|rin,** die Müllerinnen
mul|mig
mul|ti|pli|zie|ren,
du multiplizierst
die Multiplikation
die **Mu|mie,** die Mumien
der **Mumps** oder: die Mumps
Mün|chen
der **Mund,** die Münder
die Mundharmonika
mündlich
die **Mün|dung,** die Mündungen
münden
mun|ter
die **Mün|ze,** die Münzen
mür|be oder: mürb
der Mürbeteig
die **Mur|mel,** die Murmeln
mur|meln, du murmelst
mür|risch
das **Mus** oder: der Mus
die **Mu|schel,** die Muscheln
muschelförmig
das **Mu|se|um,** die Museen
das **Mu|si|cal,** die Musicals
die **Mu|sik**
musikalisch
der Musiker, die Musikerin
das Musikinstrument
die Musikschule
musizieren
der **Mus|kel,** die Muskeln
der Muskelkater
das **Müs|li,** die Müsli
der **Mus|lim,** die Muslime
muslimisch

müs|sen, du musst
das **Mus|ter,** die Muster
der **Mut**
mutig
die Mutprobe
mutwillig
die **Mut|ter** (Elternteil),
die Mütter
mütterlich
das Muttermal
mutterseelenallein
die Muttersprache
die **Mut|ter** (Schraubenmutter),
die Muttern
die **Müt|ze,** die Mützen

Na

Na!
Na und?
der **Na|bel,** die Nabel
die Nabelschnur
nach
nach Hause
nach und nach
nach|ah|men,
du ahmst nach
der **Nach|bar,** die Nachbarn
die Nachbarschaft
die **Nach|ba|rin,**
die Nachbarinnen
nach|dem
nach|den|ken → denken
nachdenklich

106

nagen

nach|ei|nan|der
die **Nach|er|zäh|lung,**
die Nacherzählungen
nacherzählen
der **Nach|fol|ger,** die Nachfolger
die **Nach|fol|ge|rin,**
die Nachfolgerinnen
nach|fra|gen → fragen
nach|ge|ben, du gibst nach,
er gab nach, sie hat
nachgegeben
nachgiebig
der **Nach|hau|se|weg,**
die Nachhausewege
nach Hause gehen
nach|her
die **Nach|hil|fe**
der **Nach|kom|me,**
die Nachkommen
nach|läs|sig
die Nachlässigkeit
der **Nach|mit|tag,**
die Nachmittage
am Nachmittag
gestern Nachmittag
nachmittags
eines Nachmittags
der **Nach|na|me,**
die Nachnamen
die **Nach|richt,** die Nachrichten
nach|schla|gen,
du schlägst nach,
er schlug nach, sie hat
nachgeschlagen
die **Nach|schrift,**
die Nachschriften
die **Nach|sil|be,** die Nachsilben

die **Nach|spei|se,**
die Nachspeisen
nächs|te, nächster, nächstes
der nächste Tag
der Nächste, die Nächste
am nächsten
als Nächster, als Nächste
nächstes Mal
die **Nacht,** die Nächte
bei Nacht
heute Nacht
das Nachthemd
nächtelang
nachts
der **Nach|teil,** die Nachteile
die **Nach|ti|gall,**
die Nachtigallen
der **Nach|tisch,** die Nachtische
nach|träg|lich
der **Nach|wuchs**
der **Nach|züg|ler,**
die Nachzügler
die **Nach|züg|le|rin,**
die Nachzüglerinnen
der **Na|cken,** die Nacken
nackt
die **Na|del,** die Nadeln
der Nadelbaum
nadeln
das Nadelöhr
der **Na|gel,** die Nägel
die Nagelfeile
der Nagellack
nageln
nagelneu
na|gen, der Biber nagt
das Nagetier

nah

nah oder: nahe, näher,
am nächsten
von nah und fern
die Nähe
sich nähern
nä|hen, du nähst
die Nähmaschine
die Nähnadel
die **Nah|rung**
das Nahrungsmittel
die **Naht,** die Nähte
nahtlos
na|iv
der **Na|me,** die Namen
namenlos
der Namenstag
das Namenwort
näm|lich
Na|nu!
die **Nar|be,** die Narben
die **Nar|ko|se,** die Narkosen
der **Narr,** die Narren
närrisch
die **När|rin,** die Närrinnen
die **Nar|zis|se,** die Narzissen
na|schen, du naschst
die Näscherei

die **Na|se,** die Nasen
das Nasenbluten
der Nasenring
das **Nas|horn,** die Nashörner
nass, nasser oder: nässer,
am nassesten
oder: am nässesten
nass geschwitzt
die Nässe
nasskalt
die **Na|ti|on,** die Nationen
national
die Nationalhymne
die Nationalmannschaft
die **Nat|ter,** die Nattern
die **Na|tur**
der Naturforscher,
die Naturforscherin
die Naturkatastrophe
der Naturschutz
na|tür|lich

Ne

der **Ne|an|der|ta|ler,**
die Neandertaler

neulich

der **Ne|bel**	das **Ne|on|licht,** die Neonlichter
nebelig oder: neblig	der **Nep|tun**
ne|ben	der **Nerv,** die Nerven
nebenan	nerven
die Nebenbeschäftigung	das Nervenbündel
nebeneinander	nervenstark
das Nebenfach	nervig
nebenher	nervös
der Nebensatz	das **Nest,** die Nester
ne|cken, du neckst	der Nestflüchter
der **Nef|fe,** die Neffen	das Nesthäkchen
ne|ga|tiv	die Nestwärme
das Negativ	**nett**
neh|men, du nimmst,	netterweise
er nahm, sie hat genommen	das **Netz,** die Netze
nei|disch	das Netzwerk
der Neid	**neu**
sich **nei|gen,** du neigst dich	das neue Jahr
die Neigung	etwas Neues
nein	neuerdings
der Neinsager,	das Neugeborene
die Neinsagerin	die Neuigkeit
der **Nek|tar**	der Neuschnee
die **Nek|ta|ri|ne,** die Nektarinen	die Neuzeit
die **Nel|ke,** die Nelken	**neu|gie|rig**
nen|nen, du nennst,	die Neugier
er nannte, sie hat genannt	das **Neu|jahr**
der Nenner	**neu|lich**

der Naturforscher

neun

neun
neunmal
der Neunte, die Neunte
neunzehn
neunzig
die **Neu|ro|der|mi|tis**
neu|tral

Ni
nicht
gar nicht
der Nichtschwimmer,
die Nichtschwimmerin
die **Nich|te,** die Nichten
nichts
nichts Neues
nichts ahnend
der Nichtsnutz
ni|cken, du nickst
das **Ni|cker|chen,** die Nickerchen
nie
nie mehr
nie und nimmer
nie wieder
nie|der
die **Nie|der|la|ge,**
die Niederlagen
die **Nie|der|lan|de**
niederländisch
Nie|der|sach|sen
der **Nie|der|schlag,**
die Niederschläge
nied|lich
nied|rig
nie|mals
nie|mand
das Niemandsland

die **Nie|re,** die Nieren
nie|seln, es nieselt
der Nieselregen
nie|sen, du niest
das Niespulver
die **Nie|te,** die Nieten
der **Ni|ko|laus**
der Nikolaustag
das **Ni|ko|tin**
das **Nil|pferd,** die Nilpferde
nip|pen, du nippst
nir|gends
nir|gend|wo
die **Ni|sche,** die Nischen
nis|ten, der Vogel nistet
der Nistkasten
die **Ni|xe,** die Nixen

No
noch
noch einmal
noch mal
das **No|men,** die Nomen
der **No|mi|na|tiv**
die **Non|ne,** die Nonnen
non|stop
der **Nor|den**
nördlich
der Nordpol
die Nordsee
Nord|rhein-West|fa|len
nör|geln, du nörgelst
die Nörgelei
nor|mal
normalerweise
Nor|we|gen
norwegisch

Obst

die **Not,** die Nöte
    der Notarzt, die Notärztin
    der Notausgang
    die Notbremse
    der Notfall
    die Notlandung
    die Notlüge
die **No|te,** die Noten
    der Notenständer
    no|tie|ren, du notierst
    die Notiz
    der Notizblock
    nö|tig
    not|wen|dig
der **Nou|gat**
    oder: das Nougat
der **No|vem|ber**

Nu
im **Nu**
    nüch|tern
    nu|ckeln, das Baby nuckelt
    der Nuckel
die **Nu|del,** die Nudeln
der **Nu|gat** oder: das Nugat
    null
    null Ahnung
    null Bock
    null Fehler
    null Grad
    die Null
die **Num|mer,** die Nummern
    nummerieren
    das Nummernschild
    nun
    nur
    nu|scheln, du nuschelst

die **Nuss,** die Nüsse
    der Nussknacker
die **Nüs|ter,** die Nüstern
    nut|zen, du nutzt
    der Nutzen
    nutzlos
    die Nutzpflanze
    nüt|zen, es nützt
    nützlich

Oa
die **O|a|se,** die Oasen

Ob
ob
ob|dach|los
o|ben
der **O|ber,** die Ober
o|be|re
    die oberen Klassen
die **O|ber|flä|che,**
    die Oberflächen
    oberflächlich
o|ber|halb
das **O|ber|haupt,**
    die Oberhäupter
das **O|ber|teil,** die Oberteile
das **Ob|jekt,** die Objekte
die **O|bla|te,** die Oblaten
die **O|boe,** die Oboen
das **Obst**
    der Obstsaft
    der Obstsalat

111

obwohl

ob|wohl

Oc
der Och|se, die Ochsen

Od
ö|de oder: öd
o|der
die O|der

Of
der O|fen, die Öfen
of|fen
offen lassen
die Offenheit
öf|fent|lich
die Öffentlichkeit
of|fi|zi|ell
öff|nen, du öffnest
die Öffnung
die Öffnungszeit
oft, öfter

Oh
Oh!
oh|ne
ohne weiteres
oder: ohne Weiteres
ohn|mäch|tig
das Ohr, die Ohren
die Ohrenschmerzen
der Ohrring
der Ohrwurm

Oj
O|je!
Ojemine!

Ok
o|kay (o. k. oder: O. K.)
ö|ko|lo|gisch
der Ökoladen
der Ok|to|ber

Ol
das Öl
ölen
ölig
die Ölpest
der Old|ti|mer, die Oldtimer
die O|li|ve, die Oliven
das Olivenöl
die O|lym|pi|a|de, die Olympiaden
die Olympischen Spiele

Om
die O|ma, die Omas
das O|me|lett, die Omeletts oder: Omelette
der Om|ni|bus, die Omnibusse

On
der On|kel, die Onkel

Op
der O|pa, die Opas
die O|per, die Opern
die O|pe|ra|ti|on, die Operationen
der Operationssaal
operieren
das Op|fer, die Opfer
der Op|ti|ker, die Optiker
die Op|ti|ke|rin, die Optikerinnen
op|ti|mal

Ozon

Or
die **O|ran|ge,** ⚠️
　die Orangen
　orange
　der Orangensaft
der **O|rang-U|tan,**
　die Orang-Utans
das **Or|ches|ter,**
　die Orchester
die **Or|chi|dee,**
　die Orchideen
der **Or|den,** die Orden
　or|dent|lich
　or|di|när
　ord|nen, du ordnest
　die Ordnung
das **Or|gan,** die Organe
　organisch
　or|ga|ni|sie|ren,
　du organisierst
　die Organisation
die **Or|gel,** die Orgeln
　die Orgelpfeife
der **O|ri|ent**
　orientalisch
　der Orientexpress
sich **o|ri|en|tie|ren,**
　du orientierst dich
　die Orientierung
　die Orientierungsstufe
das **O|ri|gi|nal,** die Originale
der **Or|kan,** die Orkane
　orkanartig
der **Ort,** die Orte
　das Örtchen
　örtlich
　die Ortschaft

Os
die **Ö|se,** die Ösen
der **Os|ten**
　östlich
　die Ostsee
das **Os|tern**
　das Osterei
　die Osterglocke
　Ös|ter|reich
　österreichisch

die Opfer

Ou
out ⚠️
out sein
das **Out|fit,** die Outfits ⚠️
der **Out|si|der,** die Outsider ⚠️

Ov
o|val
der **O|ve|rall,** die Overalls
der **O|ver|head|pro|jek|tor,**
　die Overheadprojektoren

Ow
O weh!

Oz
der **O|ze|an,** die Ozeane
der **O|zon** oder: das Ozon
　das Ozonloch
　die Ozonschicht
　der Ozonwert

113

paar

Pa
ein **paar** (einige)
ein paar Mal
ein paar Tage
das **Paar** (zwei),
die Paare
das Pärchen
pach|ten, du pachtest
die Pacht
pa|cken, du packst
das Päckchen
das Packpapier
die Packung
das **Pad|del,** die Paddel
das Paddelboot
paddeln
das **Pa|ket,** die Pakete
der **Pa|last,** die Paläste
das **Pa|la|ver**
die **Pal|me,** die Palmen
die **Pam|pe**
pampig
die **Pam|pel|mu|se,**
die Pampelmusen
der **Pan|da,** die Pandas
pa|niert
das Paniermehl
die **Pa|nik**
panisch
die **Pan|ne,** die Pannen
das **Pa|no|ra|ma,** die Panoramen
der **Pan|ter,** die Panter
der **Pan|ther,** die Panther

der **Pan|tof|fel,** die Pantoffeln
die **Pan|to|mi|me,**
die Pantomimen
der **Pan|zer,** die Panzer
der **Pa|pa,** die Papas
der **Pa|pa|gei,** die Papageien
das **Pa|pier,** die Papiere
das Papierschnipsel
oder: der Papierschnipsel
die **Pap|pe,** die Pappen
der Pappbecher
der Pappkarton
das Pappmaschee
oder: Pappmaché
die **Pap|pel,** die Pappeln
der **Pa|pri|ka,** die Paprikas
die Paprikaschote
der **Papst,** die Päpste
das **Pa|ra|dies,** die Paradiese
paradiesisch
pa|ral|lel
die Parallele
der **Pa|ra|sit,** die Parasiten
der **Par|cour,** die Parcours
das **Par|füm,** die Parfüms
oder: Parfüme
der **Park,** die Parks
die Parkbank
par|ken, du parkst
das Park-and-ride-System
der Parkplatz
das Parkverbot
der **Par|kett|bo|den,**
die Parkettböden
das **Par|la|ment,** die Parlamente
die **Par|tei,** die Parteien
parteiisch

114

Person

der	**Part|ner,** die Partner
	die Partnerarbeit
	die Partnerschaft
die	**Part|ne|rin,** die Partnerinnen
die	**Par|ty,** die Partys
der	**Pass,** die Pässe
	das Passbild
der	**Pas|sa|gier,** die Passagiere
	pas|sen, die Hose passt
	passend
	pas|sie|ren, es passiert
	pas|siv
der	**Pas|tor,** die Pastoren
die	**Pas|to|rin,** die Pastorinnen
der	**Pa|te,** die Paten
	das Patenkind
	der Patenonkel
	die Patenschaft
das	**Pa|tent,** die Patente
der	**Pa|ti|ent,** die Patienten
die	**Pa|ti|en|tin,**
	die Patientinnen
die	**Pa|tin,** die Patinnen
die	**Pa|tro|ne,** die Patronen
	patsch|nass
der	**Pat|zer,** die Patzer
	pat|zig
die	**Pau|ke,** die Pauken
	pau|ken, du paukst
	der Pauker, die Paukerin
die	**Pau|se,** die Pausen
	das Pausenbrot
	pausenlos
der	**Pa|vi|an,** die Paviane
der	**Pa|vil|lon,** die Pavillons
der	**Pa|zi|fik**
	der Pazifische Ozean

Pc

der	**PC,** die PCs
	der Personalcomputer

Pe

das	**Pech**
	pechschwarz
	der Pechvogel
das	**Pe|dal,** die Pedale
der	**Pe|gel,** die Pegel
	der Pegelstand
	pein|lich
die	**Peit|sche,** die Peitschen
	peitschen
der	**Pe|li|kan,** die Pelikane
die	**Pel|le,** die Pellen
	pellen
	die Pellkartoffel
der	**Pelz,** die Pelze
das	**Pen|del,** die Pendel
	pendeln
der	**Pe|nis,** die Penisse
	pen|nen, du pennst
die	**Pen|si|on,** die Pensionen
	per
	per Luftpost
	per|fekt
das	**Per|fekt**
das	**Per|ga|ment|pa|pier**
die	**Pe|ri|o|de,** die Perioden
die	**Per|le,** die Perlen
die	**Per|son,** die Personen
	der Personalausweis
	der Personenkraftwagen
	(PKW oder: Pkw)
	persönlich
	die Persönlichkeit

115

Perücke

die **Pe|rü|cke,** die Perücken
die **Pest**
die **Pe|ter|si|lie**
das **Pe|tro|le|um**
    die Petroleumlampe
    pet|zen, du petzt

Pf

der **Pfad,** die Pfade
    der Pfadfinder,
    die Pfadfinderin
der **Pfahl,** die Pfähle
das **Pfand,** die Pfänder
    die Pfandflasche
die **Pfan|ne,** die Pfannen
    der Pfannkuchen
der **Pfar|rer,** die Pfarrer
die **Pfar|re|rin,** die Pfarrerinnen
der **Pfau,** die Pfauen
    das Pfauenauge
der **Pfef|fer**
    pfeffern
die **Pfef|fer|min|ze**
    das Pfefferminzbonbon
    pfei|fen, du pfeifst, er pfiff,
    sie hat gepfiffen
    die Pfeife
    das Pfeifkonzert
der **Pfeil,** die Pfeile
    pfeilschnell
der **Pfei|ler,** die Pfeiler
das **Pferd,** die Pferde
    der Pferdeschwanz
    der Pferdestall

der **Pfiff,** die Pfiffe
    pfiffig
der **Pfif|fer|ling,** die Pfifferlinge
Pfings|ten
    der Pfingstsonntag
der **Pfir|sich,** die Pfirsiche
die **Pflan|ze,** die Pflanzen
    das Pflänzchen
    pflanzen
    das Pflanzenschutzmittel
das **Pflas|ter,** die Pflaster
    pflastern
die **Pflau|me,** die Pflaumen
    der Pflaumenkuchen
    das Pflaumenmus
pfle|gen, du pflegst
    die Pflege
    die Pflegeeltern
    pflegeleicht
    der Pfleger, die Pflegerin
die **Pflicht,** die Pflichten
pflü|cken, du pflückst
der **Pflug,** die Pflüge
    pflügen
die **Pfor|te,** die Pforten
    der Pförtner, die Pförtnerin
der **Pfos|ten,** die Pfosten
die **Pfo|te,** die Pfoten
der **Pfrop|fen,** die Pfropfen
Pfui!
das **Pfund,** die Pfunde
pfu|schen, du pfuschst
    die Pfuscherei
die **Pfüt|ze,** die Pfützen

die Pfoten

platt

Ph
- die **Phan|ta|sie**
  - phantasieren
  - phantasievoll
  - phantastisch
- das **Phan|tom,** die Phantome
  - das Phantombild
- der **Pha|rao,** die Pharaonen
- die **Phy|sik**
  - physikalisch

Pi
- der **Pi|ckel,** die Pickel
  - pickelig oder: picklig
  - **pi|cken,** der Vogel pickt
- das **Pick|nick,** die Picknicks
  - oder: Picknicke
  - picknicken
  - der Picknickkorb
  - **piep|sen,** der Vogel piepst
  - **pik|sen**
- die **Pil|le,** die Pillen
- der **Pi|lot,** die Piloten
- die **Pi|lo|tin,** die Pilotinnen
- der **Pilz,** die Pilze
  - die Pilzvergiftung
  - **pin|ge|lig**
- der **Pin|gu|in,** die Pinguine
  - **pink**
  - **pin|keln,** du pinkelst
- die **Pinn|wand,** die Pinnwände
- der **Pin|sel,** die Pinsel
  - pinseln
- die **Pin|zet|te,** die Pinzetten
- der **Pi|ran|ha,** die Piranhas
- der **Pi|rat,** die Piraten
  - das Piratenschiff
- die **Pi|ra|tin,** die Piratinnen
  - **pir|schen,** du pirschst
- die **Pis|te,** die Pisten
- die **Pis|to|le,** die Pistolen
- die **Piz|za,** die Pizzas
  - oder: Pizzen
  - die Pizzeria

Pl
- **pla|gen,** du plagst
- sich plagen
- die Plage
- das **Pla|kat,** die Plakate
- die **Pla|ket|te,** die Plaketten
- der **Plan,** die Pläne
  - planen
  - planlos
- die **Pla|ne,** die Planen
  - der Planwagen
- der **Pla|net,** die Planeten
- die **Plan|ke,** die Planken
  - **plan|schen,** du planschst
  - das Planschbecken
- die **Plan|ta|ge,** die Plantagen
  - **plant|schen,** du plantschst
  - das Plantschbecken
  - **plap|pern,** du plapperst
  - **plär|ren,** du plärrst
- das **Plas|tik**
  - die Plastikfolie
  - die Plastiktüte
  - **plät|schern,** das Wasser plätschert
  - **platt**
  - die Platte
  - der Plattenspieler
  - der Plattfuß

117

Platz

der **Platz,** die Plätze
Platz machen
Platz sparend
plat|zen, der Ballon platzt
der Platzregen
die Platzwunde
plau|dern, du plauderst
das **Play-back**
oder: Playback
plei|te
die Pleite
die **Plom|be,** die Plomben
plombieren
plötz|lich
plump
plumpsen
plün|dern, du plünderst
die Plünderung
der **Plu|ral**
plus
der Pluspunkt
das Pluszeichen
der **Plu|to**

Po

der **Po,** die Pos
po|chen, das Herz pocht
die **Po|cke,** die Pocken
das **Po|e|sie|al|bum,**
die Poesiealben
der **Po|kal,** die Pokale
der **Pol,** die Pole
der Polarstern
Po|len
polnisch
po|lie|ren, du polierst
die Politur

die **Po|li|tik**
der Politiker, die Politikerin
politisch
die **Po|li|zei**
das Polizeiauto
der Polizeifunk
polizeilich gesucht
der Polizist, die Polizistin
der **Pol|len,** die Pollen
die Pollenallergie
das **Pols|ter,** die Polster
polstern
pol|tern, du polterst
der Polterabend
die **Pommes frites**
das **Po|ny,** die Ponys
das Ponyreiten
das **Pop|corn**
die **Pop|mu|sik**
der **Po|po,** die Popos
die **Po|re,** die Poren
po|rös
der **Por|ree,** die Porrees
das **Por|te|mon|naie,**
die Portemonnaies
die **Por|ti|on,** die Portionen
portionsweise
das **Port|mo|nee,**
die Portmonees
das **Por|to,** die Portos
oder: Porti
das **Por|trät,** die Porträts
Por|tu|gal
portugiesisch
das **Por|zel|lan**
die **Po|sau|ne,** die Posaunen
po|si|tiv

118

pressen

das Prachtstück

die	**Post**
	das Postamt
	der Postbote, die Postbotin
	die Postkarte
	die Postleitzahl
das	**Pos|ter** oder: der Poster,
	die Poster oder: Posters
	Pots|dam
die	**Po|wer**
	powern

Pr

die **Pracht**
  prächtig
  das Prachtstück
das **Prä\|di\|kat**, die Prädikate
  prä\|gen, du prägst
  prah\|len, du prahlst
  die Prahlerei
  prak\|tisch
die **Pra\|li\|ne**, die Pralinen
  prall
  prallvoll
  pral\|len, du prallst
die **Prä\|mie**, die Prämien

der **Pran\|ger**, die Pranger
die **Pran\|ke**, die Pranken
die **Prä\|po\|si\|ti\|on**,
  die Präpositionen
die **Prä\|rie**, die Prärien
das **Prä\|sens**
der **Prä\|si\|dent**, die Präsidenten
die **Prä\|si\|den\|tin**,
  die Präsidentinnen
  pras\|seln, der Hagel
  prasselt
das **Prä\|te\|ri\|tum**
die **Pra\|xis**, die Praxen
die **Pre\|digt**, die Predigten
  predigen
der **Preis**, die Preise
  das Preisausschreiben
  preiswert
die **Prel\|lung**, die Prellungen
die **Pre\|mi\|e\|re**, die Premieren
die **Pres\|se**
  der Pressefotograf,
  die Pressefotografin
  pres\|sen, du presst
  der Presslufthammer

119

prickeln

pri|ckeln, es prickelt
prickelnd
der Pries|ter, die Priester
die Pries|te|rin,
die Priesterinnen
pri|ma
die Pri|mel, die Primeln
der Prinz, die Prinzen
die Prin|zes|sin,
die Prinzessinnen
das Prin|zip, die Prinzipien
die Pri|se, die Prisen
pri|vat
das Privatleben
pro
pro Kind
das Pro und Kontra
die Pro|be, die Proben
der Probealarm
die Probefahrt
proben
probeweise
probieren
das Pro|blem, die Probleme
problemlos
das Pro|dukt, die Produkte
die Produktion
produzieren
der Pro|fes|sor, die Professoren
die Pro|fes|so|rin,
die Professorinnen
der Pro|fi, die Profis
der Profifußball
das Pro|gramm, die Programme
die Programmänderung
programmieren
die Programmierung

das Pro|jekt, die Projekte
die Projekttage
der Pro|jek|tor, die Projektoren
prompt
das Pro|no|men, die Pronomina
der Pro|pel|ler, die Propeller
der Pro|phet, die Propheten
die Prophezeiung
die Pro|phe|tin,
die Prophetinnen
prop|pen|voll
der Pros|pekt, die Prospekte
Prost!
der Pro|test, die Proteste
protestieren
pro|tes|tan|tisch
der Protestant,
die Protestantin
die Pro|the|se, die Prothesen
das Pro|to|koll, die Protokolle
prot|zen, du protzt
der Pro|vi|ant
das Pro|zent (%), die Prozente
der Pro|zess, die Prozesse
die Pro|zes|si|on,
die Prozessionen
prü|fen, du prüfst
die Prüfung
prü|geln, du prügelst
sich prügeln
die Prügel
die Prügelei
prus|ten, du prustest

Pu

die Pu|ber|tät
das Pu|bli|kum

120

Qua**lifikation**

der **Pud|ding,**
    die Puddinge
    oder: Puddings
    das Puddingpulver
der **Pu|del,** die Pudel
    die Pudelmütze
    pudelnass
    pudelwohl
der **Pu|der**
    der Puderzucker
der **Puf|fer,** die Puffer
der **Pul|lo|ver,** die Pullover
    der Pulli
    der Pullunder
der **Puls**
    die Pulsader
    der Pulsschlag
das **Pult,** die Pulte
das **Pul|ver,** die Pulver
    das Pulverfass
    der Pulverschnee
der **Pu|ma,** die Pumas
    pum|me|lig oder: **pummlig**
    pum|pen, du pumpst
    die Pumpe
der **Punkt,** die Punkte
    die Punktzahl
    pünkt|lich
    die Pünktlichkeit
die **Pu|pil|le,** die Pupillen
die **Pup|pe,** die Puppen
    das Püppchen
    die Puppenstube
    pur
das **Pü|ree,** die Pürees
    pur|zeln, du purzelst
    der Purzelbaum

    pus|ten, du pustest
    die Puste
    die Pusteblume
die **Pu|te,** die Puten
    der Puter
    puterrot
der **Putz**
    put|zen, du putzt
    das Putzmittel
    put|zig
das **Puz|zle,** die Puzzles
    puzzeln

Py

der **Py|ja|ma,** die Pyjamas
die **Py|ra|mi|de,** die Pyramiden

Qua

das **Qua|drat,** die Quadrate
    quadratisch
    der Quadratmeter
der **Quai** oder: das **Quai,**
    die Quais
    qua|ken, der Frosch quakt
    quä|len, du quälst
    die Qual
    die Quälerei
    der Quälgeist
    qualvoll
die **Qua|li|fi|ka|ti|on,**
    die Qualifikationen
    das Qualifikationsspiel
    sich qualifizieren

Qualität

die **Qua|li|tät,** die Qualitäten
die **Qual|le,** die Quallen
der **Qualm**
qualmen
die **Qua|ran|tä|ne**
der **Quark**
das **Quar|tett,** die Quartette
das **Quar|tier,** die Quartiere
der **Quarz**
die Quarzuhr
quas|seln, du quasselst
der **Quatsch**
quat|schen,
du quatschst

Que

das **Queck|sil|ber**
die **Quel|le,** die Quellen
quellen
quen|geln, du quengelst
quengelig oder: quenglig
quer
quer gestreift
querbeet
in die Quere kommen
querfeldein
die Querflöte
der Querschnitt
quet|schen, du quetschst
die Quetschung

Qui

quick|le|ben|dig
quie|ken, das Schwein quiekt
quiet|schen, du quietschst
quietschvergnügt

der **Quirl,** die Quirle
quirlen
quitt
wir sind quitt
die Quittung
die **Quit|te,** die Quitten
das **Quiz**
die Quizfrage

Ra

der **Ra|batt,** die Rabatte
der **Rab|bi|ner,** die Rabbiner
der **Ra|be,** die Raben
rabenschwarz
ra|bi|at
die **Ra|che**
sich rächen
der Rächer, die Rächerin
rachsüchtig
der **Ra|chen,** die Rachen
das **Rad,** die Räder
Rad fahren
ein Rad schlagen
der Radfahrer,
die Radfahrerin
die Radkappe
die Radtour
der **Ra|dar** oder: das Radar
die Radarkontrolle
der **Ra|dau**
ra|die|ren, du radierst
der Radierer
der Radiergummi

raten

- das **Ra|dies|chen,** die Radieschen
- **ra|di|kal**
- das **Ra|dio,** die Radios
- der Radiosender
- **ra|di|o|ak|tiv**
- die Radioaktivität
- der **Ra|di|us,** die Radien
- **raf|fen,** du raffst
- raffgierig
- **raf|fi|niert**
- der **Rah|men,** die Rahmen
- das Rahmenprogramm
- sich **rä|keln,** du räkelst dich
- die **Ra|ke|te,** die Raketen
- die **Ral|lye,** die Rallyes ⟵❗
- der **Ra|ma|dan**
- **ram|men,** du rammst
- die **Ram|pe,** die Rampen
- das Rampenlicht
- der **Ramsch**
- die **Ranch,** die Ranchs ⟵❗ oder: Ranches
- der **Rand,** die Ränder
- randvoll
- **ran|da|lie|ren,** du randalierst
- der **Rang,** die Ränge
- die **Ran|ge|lei,** die Rangeleien
- **ran|gie|ren,** du rangierst ⟵❗
- die Rangierlok
- sich **ran|hal|ten,** 👋 du hältst dich ran, er hielt sich ran, sie hat sich rangehalten
- **ran|ken,** die Rose rankt
- die Ranke
- der **Ran|zen,** die Ranzen
- **ran|zig**
- der **Rap|pe,** die Rappen
- der **Raps**
- **rar**
- die Rarität
- **ra|sant**
- **rasch**
- **ra|scheln,** du raschelst
- **ra|sen,** du rast
- rasend
- der Raser, die Raserin
- die Raserei
- der **Ra|sen,** die Rasen
- der Rasenmäher
- sich **ra|sie|ren,** der Mann rasiert sich
- der Rasierapparat
- die Rasierklinge
- **ras|peln,** du raspelst
- die Raspel
- die **Ras|se,** die Rassen
- der Rassehund
- die **Ras|sel,** die Rasseln
- **ras|ten,** du rastest
- die Rast
- rastlos
- die Raststätte
- der **Rat**
- Rat suchen
- der Ratgeber, die Ratgeberin
- ratlos
- der Ratschlag
- die **Ra|te,** die Raten
- eine Rate zahlen
- **ra|ten,** du rätst, er riet, sie hat geraten

123

Rathaus

das **Rat|haus,** die Rathäuser
das **Rät|sel,** die Rätsel
rätselhaft
rätseln
die **Rat|te,** die Ratten
rat|tern, die Maschine rattert
rat|ze|kahl
rau
die Raufasertapete
der Raureif
rau|ben, du raubst
der Raub
der Räuber, die Räuberin
die Räuberbande
das Raubtier
rau|chen, er raucht
der Rauch
räuchern
rauchig
das Rauchverbot
das Rauchzeichen
rauf (herauf)
rauf und runter
rau|fen, du raufst
die Rauferei

der **Raum,** die Räume
räumen
die Raumfahrt
die Raumkapsel
räumlich
das Raumschiff
die **Rau|pe,** die Raupen
raus (heraus)
rausekeln
rausfliegen
rauskriegen
rauswerfen
der **Rausch,** die Räusche
das Rauschgift
rauschgiftsüchtig
rau|schen, der Fluss rauscht
sich **räus|pern,** du räusperst dich
die **Ra|vi|o|li**
die **Raz|zia,** die Razzien

Re

re|a|gie|ren, du reagierst
die Reaktion
der **Re|ak|tor,** die Reaktoren
der Reaktorunfall

das Raubtier

124

Regen

re|al
die Realität
die Re|al|schu|le,
die Realschulen
die Re|be, die Reben
der Rebstock
der Re|bell, die Rebellen
rebellieren
die Re|bel|lin, die Rebellinnen
der Re|chen, die Rechen
rechen
rech|nen, du rechnest
die Rechenaufgabe
der Rechenfehler
der Rechner
die Rechnung
recht
das ist mir recht
jetzt erst recht
das Recht, die Rechte
Recht haben
im Recht sein
rechthaberisch
der Rechtsanwalt,
die Rechtsanwältin
das Recht|eck, die Rechtecke
rechteckig
rechts
rechts abbiegen
von rechts nach links
der Rechtsaußen
der Rechtshänder,
die Rechtshänderin
rechtsherum
die Recht|schrei|bung
der Rechtschreibfehler
recht|zei|tig

das Reck, die Recke
oder: Recks
die Reckstange
sich re|cken, du reckst dich
der Re|cor|der, die Recorder
das Re|cyc|ling ⚠
recyceln
recycelbar
re|den, du redest
die Rede
eine Rede halten
die Redensart
der Redner, die Rednerin
redselig
re|flek|tie|ren, das Glas
reflektiert
der Reflektor
die Re|form, die Reformen
das Reformhaus
reformieren
der Re|frain, die Refrains
das Re|gal, die Regale
die Re|gel, die Regeln
regelmäßig
die Regelmäßigkeit
regeln
sich re|gen, du regst dich
rege
regungslos
der Re|gen
der Regenbogen
regennass
der Regenschirm
das Regenwetter
der Regenwurm
regnen
regnerisch

125

Regie

die **Re|gie**
der Regisseur,
die Regisseurin
re|gie|ren, du regierst
die Regierung
die **Re|gi|on,** die Regionen
das **Reh,** die Rehe
der Rehbock
das Rehkitz
rei|ben, du reibst, er rieb,
sie hat gerieben
die Reibe
der Reibekuchen
die Reibung
reibungslos
reich
reichhaltig
reichlich
der Reichtum
das **Reich,** die Reiche
rei|chen, du reichst
reif
die Reife
der **Reif** (gefrorener Tau)
die Reifglätte
der **Reif** (Ring), die Reife
der Reifrock
der **Rei|fen,** die Reifen
die Reifenpanne
der Reifenwechsel
die **Rei|he,** die Reihen
der Reihe nach
die Reihenfolge
reihum
der **Rei|her,** die Reiher
sich **rei|men,** es reimt sich
der Reim

rein (herein)
rein und raus
reinkommen
reinspringen
rein (sauber)
reinigen
die Reinigung
der **Reis**
das Reiskorn
rei|sen, du reist
die Reise
das Reisebüro
reisefertig
das Reisefieber
der Reiseführer
der Reisepass
rei|ßen, du reißt, er riss,
sie hat gerissen
Reißaus nehmen
der Reißverschluss
die **Reiß|zwe|cke,**
die Reißzwecken
rei|ten, du reitest, er ritt,
sie ist geritten
oder: sie hat geritten
der Reiter, die Reiterin
die Reitstunde
der **Reiz,** die Reize
reizen
reizend
sich **re|keln,** du rekelst dich
die **Re|kla|me,** die Reklamen
re|kla|mie|ren, du reklamierst
die Reklamation
der **Re|kord,** die Rekorde
die Rekordzeit
der **Re|kor|der,** die Rekorder

126

Revolution

die Reklamation

der **Rek|tor,** die Rektoren
das Rektorat
die **Rek|to|rin,** die Rektorinnen
re|la|tiv
re|la|xen, du relaxt
die **Re|li|gi|on,** die Religionen
der Religionsunterricht
religiös
rem|peln, du rempelst
die Rempelei
ren|nen, du rennst,
er rannte, sie ist gerannt
das Rennen
das Rennrad
die Rennstrecke
re|no|vie|ren, du renovierst
die Renovierung
die **Ren|te,** die Renten
der Rentner, die Rentnerin
re|pa|rie|ren, du reparierst
die Reparatur
die **Re|por|ta|ge,** die Reportagen
der **Re|por|ter,** die Reporter
die **Re|por|te|rin,**
die Reporterinnen

das **Rep|til,** die Reptilien
die **Re|pu|blik,** die Republiken
die **Re|ser|ve,** die Reserven
das Reserverad
re|ser|vie|ren, du reservierst
die Reservierung
der **Res|pekt**
respektieren
respektlos
der **Rest,** die Reste
das **Res|tau|rant,**
die Restaurants
das **Re|sul|tat,** die Resultate
ret|ten, du rettest
der Retter, die Retterin
die Rettung
das Rettungsboot
der **Ret|tich,** die Rettiche
die **Reue**
sich **re|van|chie|ren,**
du revanchierst dich
die Revanche
das **Re|vier,** die Reviere
die **Re|vo|lu|tion,**
die Revolutionen

127

Revolver

riskant

der **Re|vol|ver,** die Revolver
das **Re|zept,** die Rezepte

Rh
der **Rha|bar|ber**
das Rhabarberkompott
der **Rhein**
Rhein|land-Pfalz
das **Rheu|ma**
der **Rhyth|mus,** die Rhythmen
rhythmisch

Ri
der **Rich|ter,** die Richter
richten
der Richterspruch
die **Rich|te|rin,** die Richterinnen
rich|tig
richtig machen
das Richtige
die **Rich|tung,** die Richtungen
rie|chen, du riechst, er roch,
sie hat gerochen
die **Rie|ge,** die Riegen

der **Rie|gel,** die Riegel
der **Rie|men,** die Riemen
der **Rie|se,** die Riesen
riesengroß
das Riesenrad
riesig
rie|seln, der Sand rieselt
die **Rie|sin,** die Riesinnen
das **Riff,** die Riffe
die **Ril|le,** die Rillen
das **Rind,** die Rinder
das Rindfleisch
die **Rin|de,** die Rinden
der **Ring,** die Ringe
ringsherum
die **Rin|gel|nat|ter,**
die Ringelnattern
rin|gen, du ringst, er rang,
sie hat gerungen
der Ringkampf
die **Rin|ne,** die Rinnen
rinnen
das Rinnsal
die **Rip|pe,** die Rippen

128

rosten

das **Ri|si|ko,** die Risiken
oder: Risikos
riskant
riskieren
der **Riss,** die Risse
der **Ritt,** die Ritte
der **Rit|ter,** die Ritter
die Ritterburg
die Ritterrüstung
der **Rit|ter|sporn**
rit|zen, du ritzt
der Ritz
die Ritze
der **Ri|va|le,** die Rivalen
die Rivalität
die **Ri|va|lin,** die Rivalinnen

Ro

die **Rob|be,** die Robben
der **Ro|bo|ter,** die Roboter
ro|bust
rö|cheln, du röchelst
der **Rock,** die Röcke
die **Rock|mu|sik**
der Rocker, die Rockerin
ro|deln, du rodelst
die Rodelbahn
das **Ro|deo** oder: der Rodeo, die Rodeos
der **Rog|gen**
das Roggenbrot
roh
die Rohkost
der Rohstoff
das **Rohr,** die Rohre
der Rohrbruch
der Rohrzucker

die **Rö|hre,** die Röhren
rol|len, du rollst
die Rolle
der Roller
der Rollkragen
der Rollladen
der Rollschuh
der Rollstuhl
die Rolltreppe
die **Rol|ler|bla|des**
die **Rol|ler|ska|tes**
das **Rol|lo,** die Rollos
der **Rom** (Volksgruppe),
die Roma
das Romani
Rom (Stadt)
die Römer
der **Ro|man,** die Romane
ro|man|tisch
rönt|gen, du wirst geröntgt
die Röntgenaufnahme
ro|sa
rosarot
die **Ro|se,** die Rosen
der Rosenkohl
rosig
die **Ro|si|ne,** die Rosinen
das Rosinenbrötchen
das **Ross,** die Rosse
oder: Rösser
der **Rost,** die Roste
die Rostbratwurst
rösten
ros|ten, das Auto rostet
der Rost
rostfrei
rostig

129

rot

rot, röter oder: roter, am
rötesten oder: am rotesten
die Farbe Rot
bei Rot halten
das Rote Kreuz
rothaarig
das Rotkehlchen
rötlich
die **Rö|teln**
rotz|frech
die **Rou|la|de,** die Rouladen
die **Rou|te,** die Routen
der **Row|dy,** die Rowdys

Ru
rub|beln, du rubbelst
rubbelig
das Rubbellos
die **Rü|be,** die Rüben
rü|ber (herüber)
rüberkommen
der **Ruck,** die Rucke
ruckartig
rü|cken, du rückst
der **Rü|cken,** die Rücken
der Rückenwind
das Rückgrat
die **Rück|fahrt,** die Rückfahrten
die Rückfahrkarte
die **Rück|kehr**
das **Rück|licht,** die Rücklichter
der **Ruck|sack,** die Rucksäcke
die **Rück|sei|te,** die Rückseiten
die **Rück|sicht**
Rücksicht nehmen
rücksichtslos
rücksichtsvoll

der **Rück|sitz,** die Rücksitze
der **Rück|strah|ler,**
die Rückstrahler
rück|wärts
rückwärts fahren
der Rückwärtsgang
der **Rück|weg,** die Rückwege
der **Rü|de,** die Rüden
das **Ru|del,** die Rudel
ru|dern, du ruderst
das Ruder
das Ruderboot
ru|fen, du rufst, er rief,
sie hat gerufen
der Ruf
das **Rug|by**
die **Ru|he**
ruhen
die Ruhestörung
der Ruhetag
ruhig
der **Ruhm**
sich rühmen
rüh|ren, du rührst
das Rührei
der Rührlöffel
die **Ru|i|ne,** die Ruinen
ruinieren
rülp|sen, du rülpst
der Rülpser
Ru|mä|ni|en
rumänisch
der **Rum|mel**
ru|mo|ren, der Magen rumort
rum|peln, der Wagen
rumpelt
die Rumpelkammer

130

Sahara

der **Rumpf**
rümp|fen, du rümpfst
die Nase
rund
die Runde
die Rundfahrt
der Rundgang
rundherum
rundlich
die Rundreise
der **Rund|funk**
die Rundfunkanstalt
run|ter (herunter)
runterfallen
runterschlucken
run|zeln, du runzelst
die Stirn
runzelig oder: runzlig
der **Rü|pel,** die Rüpel
rup|fen, du rupfst
rup|pig
die **Rush|hour,** ⤴️
die Rushhours
der **Ruß**
rußen
der **Rüs|sel,** die Rüssel
Russ|land
russisch
rus|ti|kal
die **Rüs|tung,** die Rüstungen
die **Ru|te,** die Ruten
rut|schen, du rutschst
die Rutschbahn
die Rutsche
rutschfest
rutschig
rüt|teln, du rüttelst

Sa
der **Saal,** die Säle
Saar|brü|cken
Saar|land
die **Saat,** die Saaten
der **Sab|bat,** die Sabbate
sab|bern, du sabberst
der **Sä|bel,** die Säbel
die **Sa|che,** die Sachen
der Sachkundeunterricht
sächlich
der Sachschaden
Sach|sen
Sach|sen-An|halt
sach|te oder: sacht
der **Sack,** die Säcke
der Sackbahnhof
die Sackgasse
das Sackhüpfen
sä|en, du säst
die Sämaschine
die **Sa|fa|ri,** die Safaris
der **Safe** oder: das Safe, ⤴️
die Safes
der **Saft,** die Säfte
saftig
die **Sa|ge,** die Sagen
sagenhaft
die **Sä|ge,** die Sägen
sägen
die Sägespäne
sa|gen, du sagst
die **Sa|ha|ra**

131

Sahne

die **Sah|ne**
die Sahnetorte
sahnig
die **Sai|son,** die Saisons
die **Sai|te,** die Saiten
das Saiteninstrument
das **Sa|kra|ment,**
die Sakramente
der **Sa|la|man|der,**
die Salamander
die **Sa|la|mi,** die Salamis
der **Sa|lat,** die Salate
das Salatbesteck
das Salatblatt
die **Sal|be,** die Salben
der **Sal|to,** die Saltos oder: Salti
das **Salz**
das Salzbergwerk
salzen
salzig
die Salzstange
das Salzwasser
der **Sa|men,** die Samen
das Samenkorn
sam|meln, du sammelst
die Sammelmappe
der Sammler,
die Sammlerin
die Sammlung
der **Sams|tag,** die Samstage
am Samstag
am Samstagabend
samstags
der **Samt**
die Samtpfote
samtweich
sämt|lich

das **Sa|na|to|ri|um,**
die Sanatorien
der **Sand**
die Sandbank
sandig
der Sandkasten
die **San|da|le,** die Sandalen
das **Sand|wich**
oder: der Sandwich,
die Sandwichs
oder: Sandwiches
oder: Sandwiche
sanft
sanftmütig
die **Sänf|te,** die Sänften
der **Sän|ger,** die Sänger
die **Sän|ge|rin,** die Sängerinnen
der **Sa|ni|tä|ter,** die Sanitäter
die **Sa|ni|tä|te|rin,**
die Sanitäterinnen
die **Sar|di|ne,** die Sardinen
die Sardinenbüchse
der **Sarg,** die Särge
der **Sa|tel|lit,** die Satelliten
das Satellitenfernsehen
das Satellitenfoto
satt
sich satt essen
etwas satt haben
der **Sat|tel,** die Sättel
sattelfest
der Sattelschlepper
die Satteltasche

132

Science-Fiction-Film

der **Sa|turn**
der **Satz,** die Sätze
    die Satzaussage
    die Satzergänzung
    der Satzgegenstand
    das Satzglied
    der Satzkern
    das Satzzeichen
die **Sau,** die Säue
    oder: Sauen
    saublöd
    die Sauerei
    das Sauwetter
    sauwohl
    sau|ber
    sauber machen
    sauber schreiben
    die Sauberkeit
    säubern
die **Sau|ce,** die Saucen
    sau|er
    die Sauerkirsche
    das Sauerkraut
    säuerlich
der **Sau|er|stoff**
    die Sauerstoffmaske

sau|fen, das Kalb säuft,
es soff, es hat gesoffen
sau|gen, du saugst,
er saugte oder: er sog,
sie hat gesaugt
oder: sie hat gesogen
der Sauger
säu|gen, du säugst
das Säugetier
der Säugling
die **Säu|le,** die Säulen
der **Saum,** die Säume
    säumen
die **Sau|na,** die Saunas
oder: Saunen
die **Säu|re,** die Säuren
der **Sau|ri|er,** die Saurier
säu|seln, du säuselst
sau|sen, du saust
im Sauseschritt
das **Sa|xo|fon,** die Saxofone
das **Sa|xo|phon,** die Saxophone

Sb
die **S-Bahn,** die S-Bahnen
die Schnellbahn

Sc
der **Scan|ner,** die Scanner
der **Sci|ence-Fic|tion-Film,**
die Science-Fiction-Filme

die Sammlung

133

schaben

Scha

scha|ben, du schabst
der Scha|ber|nack
schä|big
die Scha|blo|ne, die Schablonen
das **Schach**
    das Schachspiel
der **Schacht**, die Schächte
die **Schach|tel**, die Schachteln
scha|de
der **Schä|del**, die Schädel
scha|den, du schadest
    der Schaden
    die Schadenfreude
    schadenfroh
    schädlich
    der Schädling
    der Schadstoff
das **Schaf**, die Schafe
    der Schäfer, die Schäferin
    der Schäferhund
    der Schafkäse
    oder: Schafskäse
    die Schafwolle
schaf|fen, du schaffst
der **Schaff|ner**, die Schaffner
die **Schaff|ne|rin**,
    die Schaffnerinnen

der **Schal**, die Schals
die **Scha|le**, die Schalen
schä|len, du schälst
der **Schall**
    schalldicht
    schallen
    die Schallmauer
    die Schallplatte
schal|ten, du schaltest
    der Schalter
    das Schaltjahr
    die Schaltung
sich schä|men, du schämst dich
    die Scham
die **Schan|de**
    der Schandfleck
die **Schan|ze**, die Schanzen
die **Schar**, die Scharen
    scharenweise
scharf, schärfer,
    am schärfsten
    die Schärfe
    schärfen
    scharfsinnig
der **Schar|lach**
das **Schar|nier**, die Scharniere

schaulustig

134

Scherereien

schar|ren, du scharrst
der Schasch|lik
oder: das Schaschlik,
die Schaschliks
der Schat|ten, die Schatten
schattig
die Scha|tul|le, die Schatullen
der Schatz, die Schätze
die Schatztruhe
schät|zen, du schätzt
die Schätzung
schätzungsweise
schau|der|haft
schau|en, du schaust
das Schaufenster
schaulustig
der Schau|er, die Schauer
schauerlich
die Schau|fel, die Schaufeln
schaufeln
schau|keln, du schaukelst
die Schaukel
das Schaukelpferd
der Schaukelstuhl
der Schaum
das Schaumbad
schäumen
der Schaumgummi
schaumig
der Schau|spie|ler,
die Schauspieler
die Schau|spie|le|rin,
die Schauspielerinnen

Sche

der Scheck, die Schecks
die Scheckkarte
sche|ckig
die Schei|be, die Scheiben
scheibchenweise
der Scheibenwischer
der Scheich, die Scheichs
oder: Scheiche
die Schei|de, die Scheiden
schei|den, du scheidest, er
schied, sie hat geschieden
sich scheiden lassen
die Scheidung
der Schein, die Scheine
schein|bar
schei|nen, die Sonne
scheint, sie schien,
sie hat geschienen
der Scheinwerfer
schein|hei|lig
der Schei|tel, die Scheitel
der Scheitelpunkt
schei|tern, du scheiterst
schel|len, es schellt
die Schelle
der Schelm, die Schelme
schelmisch
das Sche|ma, die Schemas
oder: Schemata
der Sche|mel, die Schemel
der Schen|kel, die Schenkel
schen|ken, du schenkst
schep|pern, es scheppert
die Scher|be, die Scherben
der Scherbenhaufen
die Sche|re, die Scheren
scheren
der Scherenschnitt
die Sche|re|rei|en

135

Scherz

der **Scherz,** die Scherze
scherzen
die Scherzfrage
scherzhaft
scheu
die Scheu
scheuen
die Scheuklappe
scheu|chen, du scheuchst
scheu|ern, du scheuerst
die **Scheu|ne,** die Scheunen
das Scheunentor
das **Scheu|sal,** die Scheusale
scheuß|lich

Schi

der **Schi,** die Schier
oder: Schi
Schi laufen
das Schispringen
die **Schicht,** die Schichten
schichten
schick
schi|cken, du schickst
das **Schick|sal,** die Schicksale
schicksalhaft
schie|ben, du schiebst,
er schob, sie hat geschoben
das Schiebedach
der **Schieds|rich|ter,**
die Schiedsrichter
die **Schieds|rich|te|rin,**
die Schiedsrichterinnen
schief
schief gehen
der **Schie|fer**
die Schiefertafel

schie|len, du schielst
das **Schien|bein,**
die Schienbeine
die **Schie|ne,** die Schienen
schier
schier unmöglich
schie|ßen, du schießt,
er schoss, sie hat
geschossen
das Schießpulver
das **Schiff,** die Schiffe
der Schiffbrüchige,
die Schiffbrüchige
die Schifffahrt
die **Schi|ka|ne,** die Schikanen
schikanieren
der **Schi|ko|ree**
das **Schild** (Verkehrsschild),
die Schilder
der **Schild** (Schutzwaffe),
die Schilde
schil|dern, du schilderst
die Schilderung
die **Schild|krö|te,**
die Schildkröten
das **Schilf**
das Schilfrohr
schil|lern, das Wasser
schillert
der **Schim|mel,** die Schimmel
schim|meln, das Brot
schimmelt
der Schimmel
schimmelig oder: schimmlig
schim|mern, das Licht
schimmert
der Schimmer

Schlaufe

der **Schim|pan|se,**
die Schimpansen
schimp|fen, du schimpfst
das Schimpfwort
die **Schin|del,** die Schindeln
der **Schin|ken,** die Schinken
die **Schip|pe,** die Schippen
schippen
der **Schirm,** die Schirme

Schl
schlab|bern,
du schlabberst
die **Schlacht,** die Schlachten
schlach|ten, du schlachtest
der Schlachter,
die Schlachterin
schla|ckern, du schlackerst
mit den Ohren
die **Schlä|fe,** die Schläfen
schla|fen, du schläfst,
er schlief, sie hat
geschlafen
der Schlaf
der Schlafanzug
schlaflos
schläfrig
schlaff
am **Schla|fitt|chen** packen
schla|gen, du schlägst,
er schlug, sie hat
geschlagen
der Schlag
schlagartig
die Schlägerei
die Schlagsahne
das Schlagzeug

schief

der **Schla|ger,** die Schlager
schlag|fer|tig
die **Schlag|zei|le,**
die Schlagzeilen
der **Schla|mas|sel**
oder: das Schlamassel
der **Schlamm**
schlammig
schlam|pig
die Schlamperei
die **Schlan|ge,** die Schlangen
Schlange stehen
sich schlängeln
die Schlangenlinie
schlank
schlapp
schlappmachen
das **Schla|raf|fen|land**
schlau
der **Schlauch,** die Schläuche
das Schlauchboot
die **Schlau|fe,** die Schlaufen

137

schlecht

schlecht
schlecht gelaunt
schle|cken, du schleckst
schlei|chen, du schleichst,
er schlich, sie ist
geschlichen
der Schleichweg
der **Schlei|er,** die Schleier
schleierhaft
die **Schlei|fe,** die Schleifen
schlei|fen (schärfen),
du schleifst das Messer,
er schliff, sie hat geschliffen
der Schliff
schlei|fen (über den Boden
ziehen), du schleifst die
Decke, er schleifte, sie hat
geschleift
der **Schleim**
die Schleimhaut
schleimig
schlem|men, du schlemmst
schlen|dern, du schlenderst
schlen|kern, du schlenkerst
schlep|pen, du schleppst
die Schleppe
schleppend
der Schlepper
im Schlepptau
Schles|wig-Hol|stein
schleu|dern, du schleuderst
die Schleuder
schleu|nigst
die **Schleu|se,** die Schleusen
schleusen
schlicht
schlich|ten, du schlichtest

der **Schlick**
schlie|ßen, du schließt,
er schloss, sie hat
geschlossen
das Schließfach
schließ|lich
schlimm
schlin|gen, du schlingst,
er schlang, sie hat
geschlungen
die Schlinge
die Schlingpflanze
der **Schlips,** die Schlipse
der **Schlit|ten,** die Schlitten
Schlitten fahren
schlit|tern, du schlitterst
der **Schlitt|schuh,**
die Schlittschuhe
Schlittschuh laufen
der **Schlitz,** die Schlitze
das Schlitzohr
das **Schloss** (Königsschloss),
die Schlösser
der Schlossgarten
das **Schloss** (Türschloss),
die Schlösser
der **Schlot,** die Schlote
schlot|tern, du schlotterst
die **Schlucht,** die Schluchten

138

schmieren

schlichten

schluch|zen, du schluchzt
schlu|cken, du schluckst
der Schluck
der Schluckauf
die Schluckimpfung
schlu|dern, du schluderst
schlum|mern,
du schlummerst
schlüp|fen, du schlüpfst
der Schlüpfer
das Schlupfloch
schlüpfrig
schlur|fen, du schlurfst
schlür|fen, du schlürfst
der **Schluss,** die Schlüsse
das Schlusslicht
der **Schlüs|sel,** die Schlüssel
das Schlüsselbund
oder: der Schlüsselbund
das Schlüsselloch
die **Schlüs|sel|blu|me,**
die Schlüsselblumen

Schm
schmäch|tig
schmack|haft
schmal, schmaler oder:
schmäler, am schmalsten
oder: am schmälsten

das **Schmalz**
schmalzig
schmat|zen, du schmatzt
schme|cken, es schmeckt
schmei|cheln,
du schmeichelst
schmei|ßen, du schmeißt,
er schmiss, sie hat
geschmissen
schmel|zen, das Eis
schmilzt, es schmolz,
es ist geschmolzen
das Schmelzwasser
der **Schmerz,** die Schmerzen
schmerzhaft
schmerzlos
die Schmerztablette
der **Schmet|ter|ling,**
die Schmetterlinge
schmet|tern,
du schmetterst
der Schmetterball
schmie|den, du schmiedest
der Schmied,
die Schmiedin
das Schmiedeeisen
schmie|ren, du schmierst
schmierig
der Schmierzettel

139

schminken

sich **schmin|ken,**
du schminkst dich
die Schminke
schmir|geln, du schmirgelst
das Schmirgelpapier
schmö|kern, du schmökerst
der Schmöker
schmol|len, du schmollst
schmo|ren, der Braten
schmort
schmü|cken, du schmückst
der Schmuck
das Schmuckstück
schmud|de|lig
oder: schmuddlig
das Schmuddelwetter
schmug|geln,
du schmuggelst
der Schmuggler,
die Schmugglerin
schmun|zeln,
du schmunzelst
schmu|sen, du schmust
der **Schmutz**
schmutzig

Schn

der **Schna|bel,** die Schnäbel
die **Schna|ke,** die Schnaken
die **Schnal|le,** die Schnallen
schnallen
schnal|zen, du schnalzt
schnap|pen, du schnappst
das Schnäppchen
der Schnappschuss
der **Schnaps,** die Schnäpse
die Schnapsidee

schnar|chen, du schnarchst
schnat|tern, die Ente
schnattert
schnau|ben, das Pferd
schnaubt
schnau|fen, du schnaufst
die **Schnau|ze,** die Schnauzen
der Schnauzbart
sich **schnäu|zen,** du schnäuzt
dich
die **Schne|cke,** die Schnecken
das Schneckentempo
der **Schnee**
der Schneeball
schneebedeckt
das Schneegestöber
das Schneeglöckchen
die Schneeketten
schneeweiß
schnei|den, du schneidest,
er schnitt, sie hat
geschnitten
der Schneider,
die Schneiderin
der Schneidezahn
schnei|en, es schneit
schnell
die Schnelligkeit
der Schnellimbiss
der Schnellzug
schnie|fen, du schniefst
schnip|peln, du schnippelst
schnip|pisch
der **Schnitt,** die Schnitte
schnittfest
der Schnittlauch
die Schnittwunde

140

Schranke

die **Schnit|te,** die Schnitten
das **Schnit|zel,** die Schnitzel
schnit|zen, du schnitzt
die Schnitzerei
schnor|cheln,
du schnorchelst
der Schnorchel
der **Schnör|kel,** die Schnörkel
schnüf|feln, du schnüffelst
die Schnüffelei
der **Schnul|ler,** die Schnuller
der **Schnup|fen**
schnup|pern,
du schnupperst
die **Schnur,** die Schnüre
schnüren
schnurgerade
der Schnürsenkel
schnurstracks
der **Schnurr|bart,**
die Schnurrbärte
schnur|ren, die Katze schnurrt

Scho
der **Schock,** die Schocks
schocken
schockiert
die **Scho|ko|la|de,**
die Schokoladen
der Schokoladenkuchen
der Schokoriegel
die **Schol|le,** die Schollen
schon
schön
etwas Schönes
die Schönheit

scho|nen, du schonst
die Schonung
schonungslos
die Schonzeit
der **Schopf,** die Schöpfe
schöp|fen, du schöpfst
der Schöpflöffel
die **Schöp|fung**
der **Schorf**
der **Schorn|stein,**
die Schornsteine
der Schornsteinfeger,
die Schornsteinfegerin
der **Schoß,** die Schöße
der Schoßhund
die **Scho|te,** die Schoten
der **Schot|ter**
der Schotterweg

Schr
schräg
die Schräge
die **Schram|me,**
die Schrammen
schrammen
der **Schrank,**
die Schränke
die **Schran|ke,**
die Schranken

der Schokoladenkuchen

Schraube

die **Schrau|be,** die Schrauben
schrauben
der Schraubenschlüssel
der Schraubenzieher
der Schraubverschluss
der **Schre|ber|gar|ten,**
die Schrebergärten
der **Schreck** oder: Schrecken,
die Schrecken
das Schreckgespenst
schreckhaft
schrecklich
schrei|ben, du schreibst,
er schrieb, sie hat
geschrieben
schreibfaul
die Schreibmaschine
die Schreibweise
schrei|en, du schreist,
er schrie, sie hat geschrien
der Schrei
der Schreihals
der **Schrei|ner,** die Schreiner
die Schreinerei
die **Schrei|ne|rin,**
die Schreinerinnen
schrei|ten, du schreitest,
er schritt, sie ist geschritten
die **Schrift,** die Schriften
schriftlich
der Schriftsteller,
die Schriftstellerin
schrill
der **Schritt,** die Schritte
das Schritttempo
schrittweise
schroff

der **Schrott**
der Schrottplatz
schrub|ben, du schrubbst
der Schrubber
schrump|fen,
der Vorrat schrumpft

Schu

der **Schub,** die Schübe
die Schubkarre
die Schubkraft
die Schublade
schub|sen, du schubst
der Schubs
schüch|tern
die Schüchternheit
der **Schuft,** die Schufte
schuf|ten, du schuftest
der **Schuh,** die Schuhe
der Schuhkarton
die Schuhsohle
die **Schuld**
ich bin schuld
es ist meine Schuld
schuldbewusst
schuldig
der Schuldige,
die Schuldige

schüchtern

schwarz

die **Schul|den**
die **Schu|le,** die Schulen
    die Schularbeiten
    der Schulbus
    der Schüler, die Schülerin
    schulfrei
    der Schulhof
    das Schuljahr
    die Schulstunde
    der Schulweg
die **Schul|ter,** die Schultern
    schulterfrei
schum|meln,
    du schummelst
    die Schummelei
schun|keln, du schunkelst
die **Schup|pe,** die Schuppen
    schuppig
der **Schup|pen,** die Schuppen
die **Schürf|wun|de,**
    die Schürfwunden
der **Schur|ke,** die Schurken
die **Schur|kin,** die Schurkinnen
die **Schür|ze,** die Schürzen
der **Schuss,** die Schüsse
    die Schusslinie
die **Schüs|sel,** die Schüsseln
schus|se|lig
    oder: schusslig
der **Schus|ter,** die Schuster
die **Schus|te|rin,**
    die Schusterinnen
der **Schutt**
    der Schutthaufen
    schüt|teln, du schüttelst
    der Schüttelfrost
schüt|ten, du schüttest

der **Schutz**
    das Schutzblech
    schützen
    der Schutzengel
    die Schutzimpfung
    schutzlos
der **Schüt|ze,** die Schützen
die **Schüt|zin,** die Schützinnen

Schw
schwab|be|lig
    oder: schwabblig
schwach, schwächer,
    am schwächsten
    die Schwäche
    der Schwachpunkt
der **Schwa|ger,** die Schwäger
die **Schwä|ge|rin,**
    die Schwägerinnen
die **Schwal|be,** die Schwalben
der **Schwamm,** die Schwämme
    schwammig
der **Schwan,** die Schwäne
schwan|ger
    die Schwangere
    die Schwangerschaft
schwan|ken, du schwankst
der **Schwanz,** die Schwänze
    die Schwanzflosse
schwän|zen, du schwänzt
der **Schwarm,** die Schwärme
    schwärmen
schwarz, schwärzer,
    am schwärzesten
    schwarzfahren
    schwarzhaarig
    schwarz sehen

schwatzen

schwat|zen
oder: schwätzen,
du schwatzt
oder: du schwätzt
der Schwätzer,
die Schwätzerin
das Schwätzchen
schwatzhaft
schwe|ben, du schwebst
der Schwebebalken
Schwe|den
schwedisch
der **Schweif,** die Schweife
schwei|gen, du schweigst,
er schwieg, sie hat
geschwiegen
das Schweigen
schweigsam
das **Schwein,** die Schweine
das Schweinefleisch
die Schweinerei
der **Schweiß**
der Schweißausbruch
schweißgebadet
die Schweißtropfen
schwei|ßen, du schweißt
das Schweißgerät
die **Schweiz**
schweizerisch
schwe|len, das Feuer
schwelt
der Schwelbrand
die **Schwel|le,** die Schwellen
schwel|len, der Knöchel
schwillt, er schwoll, er ist
geschwollen
die Schwellung

schwen|ken, du schwenkst
der Schwenkbereich
schwer
schwerelos
schwerfällig
schwerhörig
Schwe|rin
das **Schwert,** die Schwerter
der Schwertfisch
die **Schwes|ter,** die Schwestern
die **Schwie|ger|el|tern**
die Schwiegermutter
der Schwiegersohn
die Schwiegertochter
der Schwiegervater
schwie|rig
die Schwierigkeit
schwim|men, du schwimmst,
er schwamm, sie ist
geschwommen
das Schwimmbecken
der Schwimmer,
die Schwimmerin
die Schwimmflosse
schwin|deln,
du schwindelst
der Schwindel
schwin|de|lig
oder: schwindlig
schwindelfrei
schwin|gen, du schwingst,
er schwang, sie hat
geschwungen
die Schwingung
schwir|ren, die Mücke
schwirrt
schwit|zen, du schwitzt

144

schwö|ren, du schwörst,
er schwor, sie hat
geschworen
schwül
die Schwüle
der **Schwung,** die Schwünge
schwungvoll
der **Schwur,** die Schwüre
das Schwurgericht

Se
sechs
sechsmal
der Sechste, die Sechste
sechzehn
sechzig
eine Sechs würfeln
der **See** (Binnengewässer),
die Seen
die Seerose
die **See** (Meer)
der Seehund
seekrank
der Seemann
das Seepferdchen
der Seestern
die **See|le,** die Seelen
seelenruhig
seelisch
das **Se|gel,** die Segel
das Segelboot
das Segelflugzeug
segeln
der **Se|gen,** die Segen
segnen

sein

se|hen, du siehst, er sah,
sie hat gesehen
Sieh!
sehenswert
die Sehenswürdigkeit
die **Seh|ne,** die Sehnen
sich **seh|nen,** du sehnst dich
die Sehnsucht
sehnsüchtig
sehr
sehr gut
sehr viel
er **sei** → sein
Sei pünktlich!
seicht
ihr **seid** → sein
die **Sei|de,** die Seiden
das Seidentuch
seidig
die **Sei|fe,** die Seifen
die Seifenblase
das **Seil,** die Seile
die Seilbahn
seilspringen
der Seiltänzer,
die Seiltänzerin
sein, seine, seiner
sein Fahrrad
seinetwegen

schwindlig

sein

sein, ich bin, du bist, sie ist,
wir sind, ihr seid, er war,
ihr wart, sie ist gewesen,
ich wäre
Sei pünktlich!
seit
seit gestern
seitdem
die **Sei|te,** die Seiten
seitenlang
die Seitenstraße
seitlich
seitwärts
das **Se|kre|ta|ri|at,**
die Sekretariate
der Sekretär, die Sekretärin
der **Sekt**
die **Sek|te,** die Sekten
die **Se|kun|de,** die Sekunden
der Sekundenzeiger

sel|ber
selbst
die Selbstbedienung
selbstbewusst
der Selbstlaut
der Selbstmord
selbständig
oder: selbstständig
selbst|ver|ständ|lich
se|lig
die Seligkeit
der **Sel|le|rie** oder: die Sellerie
sel|ten
die Seltenheit
selt|sam
seltsamerweise
die **Sem|mel,** die Semmeln
der Semmelbrösel
der **Se|nat,** die Senate
der Senator, die Senatorin
sen|den, du sendest,
er sandte oder: er sendete,
sie hat gesandt
oder: sie hat gesendet
die Sendung
der **Senf**
der **Se|ni|or,** die Senioren
die **Se|ni|o|rin,** die Seniorinnen
sen|ken, du senkst
senk|recht
die **Sen|sa|ti|on,** die Sensationen
sensationell
die **Sen|se,** die Sensen
der **Sep|tem|ber**
die **Se|rie,** die Serien
die **Ser|pen|ti|ne,**
die Serpentinen

die Sicherheit

146

Singular

der **Ser|vice** 💬❗
    ser|vie|ren, du servierst
    die Serviette
der **Ses|sel,** die Sessel
    der Sessellift
das **Set** oder: der Set, die Sets
sich **set|zen,** du setzt dich
die **Seu|che,** die Seuchen
    seuf|zen, du seufzt
    der Seufzer
die **Se|xu|a|li|tät**
    der Sexualkundeunterricht

Sh

das **Sham|poo,** 💬❗
    die Shampoos
der **She|riff,** die Sheriffs 💬❗
das **Shet|land|po|ny,** 💬❗
    die Shetlandponys
die **Shorts** 💬❗
die **Show,** die Shows 💬❗

Si

    sich
    sich freuen
die **Si|chel,** die Sicheln
    si|cher
    die Sicherheit
    der Sicherheitsgurt
    die Sicherheitsnadel
    sicherlich
    sichern
    die Sicherung
die **Sicht**
    sichtbar
    sichten
    die Sichtweise

    si|ckern, das Wasser sickert
    sie
    sie läuft
    sie laufen
das **Sieb,** die Siebe
    sieben
    sie|ben
    siebenmal
    der Siebte, die Siebte
    siebzehn
    siebzig
die **Sied|lung,** die Siedlungen
der **Sieg,** die Siege
    siegen
    der Sieger, die Siegerin
    die Siegerehrung
    siegessicher
das **Sie|gel,** die Siegel
das **Sig|nal,** die Signale
    signalisieren
die **Sil|be,** die Silben
    das Silbenrätsel
    die Silbentrennung
das **Sil|ber**
    die Silbermedaille
    silbern
der **Si|lo** oder: das Silo, die Silos
das **Sil|ves|ter** oder: der Silvester,
    die Silvester
    der Silvesterabend
    sim|pel
sie   **sind** → sein
    sin|gen, du singst, er sang,
    sie hat gesungen
    der Singvogel
der **Sin|gle,** die Singles 💬❗
der **Sin|gu|lar**

sinken

sin|ken, das Schiff sinkt,
es sank, es ist gesunken
der **Sinn**, die Sinne
sinnlos
sinnvoll
die **Sint|flut**
die **Sin|ti|za**, die Sinti
der **Sin|to**, die Sinti
die **Sip|pe**, die Sippen
die **Si|re|ne**, die Sirenen
der **Si|rup**
die **Sit|te**, die Sitten
sittsam
die **Si|tu|a|ti|on**, die Situationen
sit|zen, du sitzt, er saß,
sie hat gesessen
der Sitz
die Sitzordnung
der Sitzplatz
die Sitzung

Sk

die **Ska|la**, die Skalen
oder: Skalas
der **Skan|dal**, die Skandale
das **Skate|board**, 💬❗
die Skateboards
das **Ske|lett**, die Skelette
der **Sketch**, die Sketche
der **Sketsch**, die Sketsche
der **Ski**, die Skier oder: Ski
Ski laufen
das Skispringen
die **Skiz|ze**, die Skizzen
skizzieren
der **Skla|ve**, die Sklaven
die Sklaverei

die **Skla|vin**, die Sklavinnen
der **Skor|pi|on**, die Skorpione
skru|pel|los
Skrupel haben

Sl

der **Sla|lom**, die Slaloms
der **Slip**, die Slips
die **Slo|wa|ki|sche Re|pu|blik**
die Slowakei
slowakisch
der **Slum**, die Slums 💬❗

Sm

der **Smog**
der Smogalarm

So

so
sodass oder: so dass
so genannt
so viele
so|bald
die **So|cke** oder: der Socken,
die Socken
das Söckchen
der **So|ckel**, die Sockel
so|e|ben
das **So|fa**, die Sofas
so|fort
die Sofortbildkamera
das **Soft|eis**
die **Soft|ware**
so|gar
so|gleich
die **Soh|le**, die Sohlen
der **Sohn**, die Söhne

148

Sorge

die Söhne

die **So|ja|boh|ne,**
die Sojabohnen
so|lan|ge
Solange ich in der Schule bin, …
so lan|ge
Ich kann so lange lesen, bis …
die **So|lar|e|ner|gie**
die Solarzelle
solch, solche, solcher, solches
der **Sol|dat,** die Soldaten
die **Sol|da|tin,** die Soldatinnen
sol|len, du sollst
das **So|lo,** die Solos oder: Soli
der Solist, die Solistin
solo spielen
der **Som|mer,** die Sommer
die Sommerferien
sommerlich
die Sommersprosse
das **Son|der|an|ge|bot,**
die Sonderangebote
son|der|bar
der **Son|der|müll**
son|dern

die **Son|der|schu|le,**
die Sonderschulen
der **Song,** die Songs
der **Sonn|a|bend**
die **Son|ne,** die Sonnen
sich sonnen
der Sonnenbrand
der Sonnenstrahl
das Sonnensystem
sonnig
die **Son|nen|blu|me,**
die Sonnenblumen
der **Sonn|tag**
am Sonntag
am Sonntagabend
sonntags
sonst
sonstige
sonstwo
so|oft
Sooft es geht, komme ich.
so oft
Ich habe dir so oft gesagt, dass …
die **Sor|ge,** die Sorgen
sorgen
sorgfältig

149

Sorte

die **Sor|te,** die Sorten
sortieren
SOS
der SOS-Ruf
die **So|ße,** die Soßen
der **Souf|fleur,** 🗨️❗
die Souffleure
die **Souf|fleu|se,** 🗨️❗
die Souffleusen
das **Sou|ve|nir,** die Souvenirs 🗨️❗
so|viel
Soviel ich weiß, ...
so viel
so viel Geld
so|weit
Soweit ich weiß, ...
so weit
es ist so weit zum Mond
so|wie|so
so|wohl
sowohl ... als auch ...
so|zi|al
die Sozialhilfe

Spa

der **Space|shut|tle,** 🗨️❗
die Spaceshuttles
der **Spach|tel,** die Spachtel
der **Spa|gat** oder: das Spagat

die **Spa|get|ti**
die **Spa|ghet|ti**
spä|hen, du spähst
der **Spalt** oder: die Spalte,
die Spalten
spalten
die Spaltung
der **Span,** die Späne
die Spanplatte
die **Span|ge,** die Spangen
Spa|ni|en
spanisch
span|nen, du spannst
die Spanne
span|nend
die Spannung
spa|ren, du sparst
die Sparbüchse
spärlich
sparsam
der **Spar|gel,** die Spargel
der **Spaß,** die Späße
spaßig
der Spaßvogel
spät
spätabends
spätestens
der **Spa|ten,** die Spaten
der **Spatz,** die Spatzen

spähen

150

Splitter

spa|zie|ren, du spazierst
spazieren gehen
der Spaziergang

Spe
der **Specht,** die Spechte
der **Speck**
speckig
die Speckschwarte
der **Speer,** die Speere
der Speerwurf
die **Spei|che,** die Speichen
der **Spei|chel**
der **Spei|cher,** die Speicher
speichern
die **Spei|se,** die Speisen
die Speisekarte
oder: Speisenkarte
speisen
die Speiseröhre
das **Spek|ta|kel,** die Spektakel
spen|den, du spendest
die Spende
spendieren
der **Sper|ling,** die Sperlinge
das **Sper|ma,** die Spermen
sper|ren, du sperrst
sperrangelweit
die Sperre
das Sperrholz
der Sperrmüll
sich **spe|zi|a|li|sie|ren,**
du spezialisierst dich
der Spezialist,
die Spezialistin
die Spezialität
speziell

Spi
spi|cken, du spickst
der Spickzettel
der **Spie|gel,** die Spiegel
das Spiegelbild
spiegelglatt
spiegeln
spie|len, du spielst
das Spiel
spielerisch
der Spielverderber,
die Spielverderberin
das Spielzeug
der **Spieß,** die Spieße
der Spießbraten
spie|ßig
der **Spi|nat**
die **Spin|del,** die Spindeln
die **Spin|ne,** die Spinnen
das Spinnennetz
spin|nen, du spinnst, er
spann, sie hat gesponnen
das Spinnrad
spi|o|nie|ren, du spionierst
der Spion, die Spionin
die Spionage
die **Spi|ra|le,** die Spiralen
spitz
etwas spitzbekommen
die Spitze
spitzen
der Spitzer
der **Spitz|na|me,** die Spitznamen

Spl
der **Split|ter,** die Splitter
splittern

151

sponsern

Spo

spon|sern, die Sportlerin wird gesponsert
spon|tan
der **Sport**
die Sportart
der Sportler, die Sportlerin
sportlich
der Sportverein
spot|ten, du spottest
der Spott
spottbillig
spöttisch

Spr

die **Spra|che,** die Sprachen
der Sprachfehler
sprachlos
der **Spray** oder: das Spray,
die Sprays
sprayen
spre|chen, du sprichst, er sprach, sie hat gesprochen
Sprich!
die Sprechblase
die Sprechstunde
sprei|zen, du spreizt

spren|gen, du sprengst
der Sprengstoff
die Sprengung
das **Sprich|wort,**
die Sprichwörter
sprie|ßen, das Gras sprießt, es spross, es ist gesprossen
sprin|gen, du springst, er sprang, sie ist gesprungen
der Springbrunnen
die Springflut
sprin|ten, du sprintest
der Sprint
der **Sprit**
sprit|zen, du spritzt
die Spritze
der Spritzer
spritzig
die Spritzpistole
der **Spross,** die Sprossen
die **Spros|se,** die Sprossen
die Sprossenwand
der **Spruch,** die Sprüche
der **Spru|del,** die Sprudel
sprudeln
sprü|hen, du sprühst
die Sprühdose
der Sprühregen
der **Sprung,** die Sprünge
das Sprungbrett
die Sprungschanze

152

Standesamt

Spu
- spu|cken, du spuckst
- die Spucke
- der **Spuk**
- spuken
- das Spukschloss
- die **Spu|le**, die Spulen
- spü|len, du spülst
- die Spüle
- die Spülmaschine
- die Spülung
- die **Spur**, die Spuren
- spurlos
- der Spurwechsel
- spü|ren, du spürst
- der Spürhund
- die Spürnase
- spur|ten, du spurtest
- der Spurt

Sq
- das **Squash**

Sta
- der **Staat**, die Staaten
- die Staatsangehörigkeit
- der Staatsbesuch
- der Staatsbürger,
- die Staatsbürgerin
- staatlich
- der **Stab**, die Stäbe
- der Stabhochsprung
- sta|bil

- der **Sta|chel**, die Stacheln
- die Stachelbeere
- der Stacheldraht
- stachelig oder: stachlig
- das Stachelschwein
- das **Sta|di|on**, die Stadien
- die **Stadt**, die Städte
- stadtbekannt
- die Stadtbücherei
- städtisch
- die Stadtmauer
- der Stadtplan
- der Stadtrat
- der Stadtteil
- die **Staf|fel**, die Staffeln
- der Staffellauf
- die **Staf|fe|lei**, die Staffeleien
- der **Stahl**
- stahlhart
- das Stahlwerk
- der **Stall**, die Ställe
- der **Stamm**, die Stämme
- der Stammbaum
- das Stammbuch
- der Stammplatz
- stam|meln, du stammelst
- stamp|fen, du stampfst
- der **Stand**, die Stände
- standfest
- das Standlicht
- die Standuhr
- das **Stan|des|amt**, die Standesämter

die Spuren

153

ständig

stän|dig
die Stan|ge, die Stangen
der Stän|gel, die Stängel
stän|kern,
du stänkerst
der Sta|pel, die Stapel
stapeln
stapelweise
stap|fen, du stapfst
der Star (Vogel), die Stare
der Star (berühmter Mensch), die Stars
die Starbesetzung
stark, stärker, am stärksten
die Stärke
stärken
starr
starren
starrköpfig
der Starrsinn
der Start, die Starts
die Startbahn
starten
startklar
der Startschuss
die Sta|ti|on, die Stationen
statt
statt|des|sen
die Stät|te, die Stätten
statt|fin|den, das Fest findet statt, es fand statt, es hat stattgefunden
die Sta|tue, die Statuen
der Stau, die Staus oder: Staue
der Staudamm
stauen
der Stausee

der Staub
Staub saugen
oder: staubsaugen
stauben
staubig
der Staubsauger
die Stau|de, die Stauden
stau|nen, du staunst

Ste
das Steak, die Steaks
ste|chen, du stichst, er stach, sie hat gestochen
die Stechmücke
der Steck|brief, die Steckbriefe
ste|cken, du steckst
stecken bleiben
die Steckdose
der Stecker
die Stecknadel
der Steg, die Stege
das Steg|reif|spiel, die Stegreifspiele
ste|hen, du stehst, er stand, sie hat gestanden
stehen lassen
der Stehplatz
steh|len, du stiehlst, er stahl, sie hat gestohlen

154

Steuer

der Stempel

- **steif**
- steifbeinig
- **stei|gen,** du steigst, er stieg, sie ist gestiegen
- der Steigbügel
- die Steigung
- die **Stei|ge|rung,** die Steigerungen
- steigern
- die Steigerungsform
- **steil**
- die Steilküste
- der **Stein,** die Steine
- steinalt
- der Steinbruch
- steinhart
- steinig
- der Steinpilz
- steinreich
- die Steinzeit
- die **Stel|le,** die Stellen
- das Stellenangebot
- stellenweise
- der Stellvertreter, die Stellvertreterin
- **stel|len,** du stellst
- die **Stel|ze,** die Stelzen
- **stem|men,** du stemmst

- der **Stem|pel,** die Stempel
- das Stempelkissen
- stempeln
- die **Step|pe,** die Steppen
- **step|pen,** du steppst
- die Steppdecke
- **ster|ben,** du stirbst, er starb, sie ist gestorben
- sterbenskrank
- sterbenslangweilig
- sterblich
- die **Ste|re|o|an|la|ge,** die Stereoanlagen
- der **Stern,** die Sterne
- der Sternenhimmel
- sternförmig
- sternklar oder: sternenklar
- die Sternschnuppe
- die Sternwarte
- das Sternzeichen
- das **Ste|thos|kop,** die Stethoskope
- **ste|tig**
- **stets**
- das **Steu|er,** die Steuer
- steuern
- das Steuerrad
- die Steuerung

Steuer

die **Steu|er,** die Steuern
der Steuerberater,
die Steuerberaterin
steuerpflichtig
der **Ste|ward,** die Stewards
die **Ste|war|dess,**
die Stewardessen

Sti

der **Stich,** die Stiche
die Stichprobe
das Stichwort
im **Stich** lassen
sti|cken, du stickst
die Stickerei
das Stickgarn
der **Sti|cker,** die Sticker
sti|ckig
der **Stie|fel,** die Stiefel
die **Stief|mut|ter,** die Stiefmütter
das **Stief|müt|ter|chen,**
die Stiefmütterchen
der **Stief|va|ter,** die Stiefväter
der **Stiel,** die Stiele
der **Stier,** die Stiere
der **Stift,** die Stifte
stif|ten, du stiftest
die Stiftung
der **Stil,** die Stile
stillos
still
still sitzen
die Stille
der Stille Ozean
stillschweigend
der Stillstand
stil|len, sie stillt das Baby

die **Stim|me,** die Stimmen
das Stimmband
stimmberechtigt
das Stimmrecht
der Stimmzettel
stim|men, du stimmst
das stimmt
die Stimmgabel
die **Stim|mung,**
die Stimmungen
stimmungsvoll
stin|ken, es stinkt, es stank,
es hat gestunken
stinkfaul
stinklangweilig
die Stinklaune
die **Stirn** oder: Stirne,
die Stirnen
das Stirnband
das Stirnrunzeln

Sto

stö|bern, du stöberst
sto|chern, du stocherst
der **Stock,** die Stöcke
stocksteif
stock|dun|kel
sto|cken, der Verkehr stockt
das **Stock|werk,** die Stockwerke
ins Stocken geraten
der **Stoff,** die Stoffe
der Stofffetzen
das Stofftier
stöh|nen, du stöhnst
der **Stol|len,** die Stollen
stol|pern, du stolperst
der Stolperstein

Strauch

stolz
der Stolz
stolzieren
stop|fen, du stopfst
die Stopfnadel
die **Stop|pel,** die Stoppeln
der Stoppelbart
das Stoppelfeld
stop|pen, du stoppst
Stopp!
das Stoppschild
die Stoppuhr
der **Stöp|sel,** die Stöpsel
stöpseln
der **Storch,** die Störche
das Storchennest
stö|ren, du störst
störend
der Störenfried
die Störung
stör|risch
die **Sto|ry,** die Storys
sto|ßen, du stößt, er stieß, sie hat gestoßen
der Stoß
der Stoßdämpfer
die Stoßstange
stoßweise
stot|tern, du stotterst
der Stotterer,
die Stotterin

Str
die **Stra|fe,** die Strafen
die Strafarbeit
strafbar
strafen
der Strafraum
der Strafstoß
der Strafzettel
straff
strah|len, du strahlst
der Strahl
strahlend
die Strahlung
die **Sträh|ne,** die Strähnen
strähnig
stramm
stram|peln, das Baby strampelt
das Strampelhöschen
der **Strand,** die Strände
stranden
das Strandgut
der Strandkorb
die **Stra|pa|ze,** die Strapazen
strapazieren
die **Stra|ße,** die Straßen
die Straßenbahn
der Straßenname
der Straßenverkehr
die **Stra|te|gie,** die Strategien
das Strategiespiel
sich **sträu|ben,** du sträubst dich
der **Strauch,** die Sträucher

störend

157

Strauß

der Sturm

der **Strauß** (Blumenstrauß),
die Sträuße
der **Strauß** (Vogel), die Strauße
das Straußenei
stre|ben, du strebst
der Streber, die Streberin
strebsam
die **Stre|cke,** die Strecken
sich strecken
Street|ball
der **Streich,** die Streiche
strei|cheln, du streichelst
die Streicheleinheiten
strei|chen, du streichst,
er strich, sie hat gestrichen
das Streichholz
strei|fen, du streifst
die Streife
der Streifzug
der **Strei|fen,** die Streifen
strei|ken, du streikst
der Streik
strei|ten, du streitest,
er stritt, sie hat gestritten
der Streit
die Streitigkeiten

streng
die Strenge
der **Stress**
stressig
streu|en, du streust
die Streu
die Streuung
streu|nen, du streunst
der **Strich,** die Striche
stricheln
der **Strick,** die Stricke
die Strickleiter
stri|cken, du strickst
die Strickjacke
die Stricknadeln
strie|geln, du striegelst
der **Strie|men,** die Striemen
das **Stroh**
der Strohhalm
der Strohhut
der **Strom** (großer Fluss),
die Ströme
strömen
die Strömung
der **Strom** (Elektrizität)
der Stromausfall
das Stromkabel

158

Südafrika

die **Stro|phe,** die Strophen
strot|zen, du strotzt
strub|be|lig oder: strubblig
der **Stru|del,** die Strudel
der **Strumpf,** die Strümpfe
die Strumpfhose
strup|pig

Stu
die **Stu|be,** die Stuben
stubenrein
das **Stück,** die Stücke
stückeln
stückweise
stu|die|ren, du studierst
der Student, die Studentin
das Studium
das **Stu|dio,** die Studios
die **Stu|fe,** die Stufen
der Stufenbarren
stufenweise
der **Stuhl,** die Stühle
stül|pen, du stülpst
stumm
der **Stum|mel,** die Stummel
der Stummelschwanz
stumpf
stumpfsinnig
der **Stumpf,** die Stümpfe
die **Stun|de,** die Stunden
stundenlang
der Stundenplan
stündlich
das **Stunt|girl,** die Stuntgirls
der **Stunt|man,** die Stuntmen
stup|sen, du stupst
die Stupsnase

stur
die Sturheit
der **Sturm,** die Stürme
stürmen
der Stürmer, die Stürmerin
die Sturmflut
stürmisch
die Sturmwarnung
stür|zen, du stürzt
der Sturz
der Sturzhelm
die **Stu|te,** die Stuten
Stutt|gart
stut|zen, du stutzt
stutzig
stüt|zen, du stützt
die Stütze

Sty
sich **sty|len,** du stylst dich
das **Sty|ro|por**

Su
das **Sub|jekt,** die Subjekte
das **Sub|stan|tiv,** die Substantive
sub|tra|hie|ren,
du subtrahierst
die Subtraktion
su|chen, du suchst
die Suchaktion
die Suche
die Suchmeldung
die **Sucht,** die Süchte
oder: Suchten
süchtig
Süd|af|ri|ka
südafrikanisch

Süden

der **Sü|den**
    die Südfrucht
    südlich
    der Südpol
    die Südsee
die **Süh|ne**
    sühnen
die **Sum|me,** die Summen
    sum|men, du summst
der **Sumpf,** die Sümpfe
    sumpfig
die **Sün|de,** die Sünden
    der Sündenbock
    sündhaft teuer
    su|per
    das Superbenzin
    der Supermarkt
    superschlau
    der Superstar
die **Sup|pe,** die Suppen
    die Suppenkelle
    sur|fen, du surfst
    das Surfbrett
    der Surfer, die Surferin
    sur|ren, du surrst
    süß
    die Süße
    süßen
    die Süßigkeit
    süßlich
    süßsauer

Sw

das **Sweat|shirt,**
    die Sweatshirts
der **Swim|ming|pool,**
    die Swimmingpools

Sy

das **Sym|bol,** die Symbole
    symbolisch
    sym|me|t|risch
    die Symmetrie
die **Sym|pa|thie,** die Sympathien
    sympathisch
die **Sy|na|go|ge,** die Synagogen
das **Sys|tem,** die Systeme
    systematisch

Sz

die **Sze|ne,** die Szenen

Ta

der **Ta|bak**
    die Tabakpflanze
die **Ta|bel|le,** die Tabellen
    die Tabellenführung
    der Tabellenplatz
    tabellarisch
das **Ta|blett,** die Tabletts
    oder: Tablette
die **Ta|blet|te,** die Tabletten
das **Ta|bu,** die Tabus
    tabu sein
der **Ta|cho,** die Tachos
    der Tachometer
    oder: das Tachometer
    ta|deln, du tadelst
    der Tadel
    tadellos
die **Ta|fel,** die Tafeln

Tau

der **Tag,** die Tage
bei Tag und Nacht
das Tagebuch
tagelang
die Tageszeit
die Tageszeitung
täglich
tagsüber
die **Ta|gung,** die Tagungen
der **Tai|fun,** die Taifune
die **Tail|le,** die Taillen
der **Takt,** die Takte
taktlos
die **Tak|tik,** die Taktiken
taktisch
das **Tal,** die Täler
die Talfahrt
die Talsperre
das **Ta|lent,** die Talente
der **Ta|ler,** die Taler
der **Ta|lis|man,** die Talismane
die **Talk|show,**
die Talkshows
der Talkmaster,
die Talkmasterin
das **Tam|bu|rin,** die Tamburine
der **Tam|pon,** die Tampons
das **Tan|dem,** die Tandems
der **Tang,** die Tange
tan|ken, du tankst
der Tank
der Tanker
die Tankstelle
die **Tan|ne,** die Tannen
die Tannennadel
der Tannenzapfen
die **Tan|te,** die Tanten

tan|zen, du tanzt
der Tanz
tänzeln
der Tänzer, die Tänzerin
die Tanzschule
das **Tape** oder: der Tape,
die Tapes
die **Ta|pe|te,** die Tapeten
tapezieren
tap|fer
die Tapferkeit
tap|pen, du tappst
tap|sig
sich **tar|nen,** du tarnst dich
die Tarnung
die **Ta|sche,** die Taschen
das Taschenbuch
das Taschengeld
der Taschenrechner
das Taschentuch
die **Tas|se,** die Tassen
die **Tas|te,** die Tasten
die Tastatur
tas|ten, du tastest
die **Tat,** die Taten
der Täter, die Täterin
der Tatort
tä|tig
die Tätigkeit
das Tätigkeitswort
tä|to|wie|ren, du tätowierst
die Tätowierung
die **Tat|sa|che,** die Tatsachen
tatsächlich
die **Tat|ze,** die Tatzen
der **Tau** (Niederschlag)
der Tautropfen

161

Tau

das **Tau** (Seil), die Taue
   das Tauziehen
   taub
die **Tau|be,** die Tauben
   tau|chen, du tauchst
   der Taucher, die Taucherin
   die Taucherausrüstung
   tau|en, es taut
die **Tau|fe,** die Taufen
   taufen
   der Taufpate, die Taufpatin
   tau|gen, das Gerät
   taugt nichts
   tauglich
   tau|meln, du taumelst
   tau|schen, du tauschst
   der Tausch
sich **täu|schen,** du täuschst dich
   die Täuschung
   der Täuschungsversuch
   tau|send
   tausend Euro
   die Tausendjahrfeier
   tausendmal
der **Tau|send|fü|ßer,**
   die Tausendfüßer
   der Tausendfüßler
das **Ta|xi,** die Taxis

Te

das **Team,** die Teams
   die Teamarbeit
die **Tech|nik,** die Techniken
   der Techniker,
   die Technikerin
   technisch
   die Technologie
der **Tech|no** oder: das Techno
der **Ted|dy,** die Teddys
   der Teddybär
der **Tee,** die Tees
   der Teebeutel
   das Teelicht
   der Teelöffel
der **Tee|na|ger,** die Teenager
   der Teenie oder: Teeny
der **Teer**
   teeren
der **Teich,** die Teiche
der **Teig,** die Teige
   teigig
   tei|len, du teilst
   der Teil oder: das Teil
   zum Teil
   teilbar
   der Teiler
   die Teilung
   teilweise

die Theke

Ticket

teil|neh|men, du nimmst teil, er nahm teil, sie hat teilgenommen
die Teilnahme
der Teilnehmer, die Teilnehmerin
das Te|le|fax, die Telefaxe
das Te|le|fon, die Telefone
telefonieren
telefonisch
die Telefonkarte
die Telefonzelle
das Te|le|gramm, die Telegramme
der Tel|ler, die Teller
der Tem|pel, die Tempel
das Tem|pe|ra|ment, die Temperamente
temperamentvoll
die Tem|pe|ra|tur, die Temperaturen
das Tem|po, die Tempos oder: Tempi
das Tempolimit
das Ten|nis
Tennis spielen
das Tennismatch
das Tennisturnier
der Tep|pich, die Teppiche
der Teppichboden
der Ter|min, die Termine
der Terminkalender
das Ter|ra|ri|um, die Terrarien
die Ter|ras|se, die Terrassen
der Ter|ror
terrorisieren
der Terrorismus

der Test, die Tests oder: Teste
testen
das Tes|ta|ment, die Testamente
teu|er
der Teu|fel, die Teufel
teuflisch
der Text, die Texte
die Textaufgabe

Th

das The|a|ter, die Theater
die Theateraufführung
das Theaterstück
die The|ke, die Theken
das The|ma, die Themen oder: Themata
die The|o|rie, die Theorien
theoretisch
die The|ra|pie, die Therapien
das Ther|mal|bad, die Thermalbäder
das Ther|mo|me|ter, die Thermometer
die Ther|mos|fla|sche, die Thermosflaschen
der Ther|mos|tat, die Thermostate
die Tho|ra
der Thron, die Throne
der Thun|fisch, die Thunfische
Thü|rin|gen
der Thy|mi|an

Ti

der Tick, die Ticks
ti|cken, die Uhr tickt
das Ti|cket, die Tickets

163

tief

tief
die Tiefe
die Tiefgarage
tiefgekühlt
die Tiefkühltruhe
das **Tier,** die Tiere
der Tierarzt, die Tierärztin
tierlieb
die Tierquälerei
der Tierschutz
der **Ti|ger,** die Tiger
die **Tin|te,** die Tinten
der Tintenfisch
der Tintenfleck
der **Tipp,** die Tipps
der Tippzettel
tip|pen, du tippst
der Tippfehler
tipp|topp
der **Tisch,** die Tische
die Tischdecke
der Tischler, die Tischlerin
das Tischtennis
der **Ti|tel,** die Titel
das Titelbild
der Titelverteidiger

To

der **Toast,** die Toaste
oder: Toasts
das Toastbrot
toasten
der Toaster
to|ben, du tobst
tobsüchtig
der Tobsuchtsanfall
die **Toch|ter,** die Töchter

der **Tod**
todernst
die Todesgefahr
der Todfeind, die Todfeindin
todkrank
tödlich
todsicher
der **To|fu**
die **To|i|let|te,** die Toiletten
das Toilettenpapier
to|le|rant
toll
die Tollkirsche
tol|len, du tollst
der **Toll|patsch,** die Tollpatsche
tollpatschig
die **Toll|wut**
tollwütig
die **To|ma|te,** die Tomaten
das Tomatenmark
die Tomatensauce
oder: Tomatensoße
die **Tom|bo|la,** die Tombolas
der **Ton** (Lehm)
das Tongefäß
der **Ton** (Laut), die Töne
die Tonart
tönen
der Tonfall
die Tonleiter
tö|nen, du tönst die Haare
die Tönung
die **Ton|ne** (t), die Tonnen
tonnenweise
der **Topf,** die Töpfe
der Topflappen
die Topfpflanze

Traktor

der Tobsuchtsanfall

	töp|fern, du töpferst
	die Töpferei
	top|fit
das	**Tor,** die Tore
	der Torbogen
	der Torwart, die Torwartin
der	**Torf**
	tö|richt
	tor|keln, du torkelst
der	**Tor|na|do,** die Tornados
die	**Tor|te,** die Torten
die	**Tor|tel|li|ni**
	to|sen, der Sturm tost
	tot
	sich tot stellen
	der Tote, die Tote
	töten
	totenblass
	sich totlachen 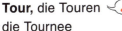
	totenstill
	to|tal
	der Totalschaden
die	**Tour,** die Touren
	die Tournee

der	**Tou|rist,** die Touristen
	der Tourismus
die	**Tou|ris|tin,**
	die Touristinnen

Tr

	tra|ben, das Pferd trabt
	der Trab
die	**Tracht,** die Trachten
die	**Tra|di|ti|on,** die Traditionen
der	**Tra|fo,** die Trafos
	der Transformator
	trä|ge oder: träg
	die Trägheit
	tra|gen, du trägst, er trug, sie hat getragen
	die Tragbahre
	die Tragfläche
	tra|gisch
	trai|nie|ren, du trainierst
	der Trainer, die Trainerin
	das Training
	der Trainingsanzug
der	**Trak|tor,** die Traktoren

165

trampeln

tram|peln, du trampelst
der Trampelpfad
das Trampeltier
tram|pen, du trampst
das Tram|po|lin, die Trampoline
die Trä|ne, die Tränen
tränenüberströmt
trän|ken, du tränkst
die Tränke
trans|pa|rent
das Transparentpapier
trans|por|tie|ren,
du transportierst
der Transport
transportfähig
das Tra|pez, die Trapeze
trat|schen, du tratschst
der Tratsch
die Trau|be, die Trauben
der Traubenzucker
sich trau|en, du traust dich
trau|ern, du trauerst
die Trauer
träu|feln, du träufelst
der Traum, die Träume
träumen
traumhaft
das Traumpaar

trau|rig
die Traurigkeit
die Trau|ung, die Trauungen
der Trauzeuge,
die Trauzeugin
der Tre|cker, die Trecker
tref|fen, du triffst, er traf,
sie hat getroffen
das Treffen
treffend
der Treffer
der Treffpunkt
trei|ben, du treibst, er trieb,
sie hat getrieben
das Treiben
das Treibhaus
der Treibstoff
tren|nen, du trennst
sich trennen
trennbar
der Trennstrich
die Trennung
die Trennwand
die Tren|se, die Trensen
die Trep|pe, die Treppen
treppauf und treppab
das Treppengeländer
das Treppenhaus
der Tre|sor, die Tresore

der Trick

Trost

tre|ten, du trittst, er trat, sie hat getreten
das Tretboot
treu
die Treue
treuherzig
treulos
der Tri|an|gel, die Triangel
die Tri|bü|ne, die Tribünen
der Tribünenplatz
der Trich|ter, die Trichter
trichterförmig
der Trick, die Tricks
der Trickfilm
der Trieb, die Triebe
trie|fen, du triefst
triefnass
das Tri|kot, die Trikots
tril|lern, du trillerst
die Trillerpfeife

sich trim|men, du trimmst dich
der Trimm-dich-Pfad
trin|ken, du trinkst, er trank, sie hat getrunken
trinkbar
das Trinkgeld
das Trinkwasser
der Trip, die Trips
trist
der Tritt, die Tritte
das Trittbrett
der Tri|umph, die Triumphe
triumphieren
tro|cken
die Trockenheit
trocknen
der Trockner
der Trö|del
der Trödelmarkt
trö|deln, du trödelst
der Trog, die Tröge
die Trom|mel, die Trommeln
das Trommelfell
trommeln
die Trom|pe|te, die Trompeten
die Tro|pen
tropisch
trop|fen, der Hahn tropft
tröpfeln
der Tropfen
die Tropfsteinhöhle
die Tro|phäe, die Trophäen
der Trost
trösten
trostlos
das Trostpflaster
der Trostpreis

167

trotz

trotz
trotz allem
trotzdem
trot|zig
trotzen
trü|be oder: trüb
trübselig
der **Tru|bel**
die **Tru|he**, die Truhen
die **Trüm|mer**
    der Trümmerhaufen
der **Trumpf**, die Trümpfe
die **Trup|pe**, die Truppen
der **Trut|hahn**, die Truthähne

Ts

der **Tsa|tsi|ki** oder: das Tsatsiki
die **Tsche|chi|sche Re|pu|blik**
    Tschechien
    tschechisch
    tschüs oder: tschüss
das **T-Shirt**, die T-Shirts

Tu

die **Tu|be**, die Tuben
das **Tuch**, die Tücher
    tüch|tig
    die Tüchtigkeit
    tu|ckern, das Boot tuckert
    tü|ckisch
    die Tücke
    tüf|teln, du tüftelst
    der Tüftler, die Tüftlerin
die **Tul|pe**, die Tulpen
sich **tum|meln**, du tummelst dich
    der Tummelplatz
der **Tu|mor**, die Tumoren

der **Tüm|pel**, die Tümpel
der **Tu|mult**, die Tumulte
    tun, du tust, er tat,
    sie hat getan
    das Tun
    das Tunwort oder: Tuwort
Tu|ne|si|en
    tunesisch
der **Tun|fisch**, die Tunfische
    tun|ken, du tunkst
der **Tun|nel**, die Tunnel
    oder: Tunnels
    tup|fen, du tupfst
die **Tür**, die Türen
    die Türklinke
    der Türrahmen
der **Tur|ban**, die Turbane
die **Tur|bi|ne**, die Turbinen
    tur|bu|lent
Tür|kei
    türkisch
tür|kis
der **Turm**, die Türme
    turmhoch
    die Turmuhr
    tur|nen, du turnst
    der Turner, die Turnerin
    der Turnverein
    das Turnzeug
das **Tur|nier**, die Turniere
die **Tu|sche**, die Tuschen
    tu|scheln, du tuschelst
die **Tü|te**, die Tüten

Ty

der **Typ**, die Typen
    typisch

Ub

die **U-Bahn,** die U-Bahnen
die Untergrundbahn
ü|bel
etwas übel nehmen
das Übel
die Übelkeit
ü|ben, du übst
die Übung
ü|ber
ü|ber|all
der **Ü|ber|blick**
überblicken
ü|ber|ei|nan|der
übereinander legen
ü|ber|emp|find|lich
der **Ü|ber|fall,** die Überfälle
überfallen
ü|ber|flüs|sig
der Überfluss
die **Ü|ber|ga|be,** die Übergaben
übergeben
der **Ü|ber|gang,** die Übergänge
ü|ber|ge|schnappt
das **Ü|ber|ge|wicht**
ü|ber|haupt
ü|ber|heb|lich
ü|ber|ho|len, du überholst
die Überholspur
das Überholverbot
ü|ber|le|gen, du überlegst
die Überlegung
ü|ber|lis|ten, du überlistest

ü|ber|mor|gen
übermorgen Abend
übermorgen früh
ü|ber|mü|det
die Übermüdung
ü|ber|mü|tig
der Übermut
ü|ber|nach|ten,
du übernachtest
die Übernachtung
ü|ber|que|ren, du überquerst
ü|ber|ra|schen,
du überraschst
überraschend
überrascht
die Überraschung
ü|ber|re|den → reden
die Überredungskunst
ü|ber|rei|chen → reichen
die Überreichung
ü|ber|schau|bar
die **Ü|ber|schrift,**
die Überschriften
ü|ber|schwäng|lich
die **Ü|ber|schwem|mung,**
die Überschwemmungen
ü|ber|set|zen, du übersetzt
die Übersetzung
ü|ber|sicht|lich
die Übersicht
ü|ber|stim|men → stimmen
die **Ü|ber|stun|de,**
die Überstunden
ü|ber|trei|ben, du übertreibst,
er übertrieb, sie hat
übertrieben
die Übertreibung

169

überwältigen

ü|ber|wäl|ti|gen,
du überwältigst
überwältigend
ü|ber|wei|sen, du überweist,
er überwies, sie hat
überwiesen
die Überweisung
ü|ber|win|den,
du überwindest,
er überwand, sie hat
überwunden
sich überwinden
die Überwindung
ü|ber|win|tern, das Tier
überwintert
ü|ber|zeu|gen, du überzeugst
die Überzeugung
üb|lich
das **U-Boot,** die U-Boote
das Unterseeboot
üb|rig
übrig bleiben
üb|ri|gens
die **Ü|bung,** die Übungen
die Übungsstunde

Uf
das **U|fer,** die Ufer
uferlos
das **U|fo,** die Ufos

Uh
die **Uhr,** die Uhren
drei Uhr
das Uhrwerk
die Uhrzeit
der **U|hu,** die Uhus

Ul
ul|kig
die **Ul|me,** die Ulmen
der **Ul|tra|schall**

Um
um
um drei Uhr
um|ar|men, du umarmst
um|blät|tern, du blätterst um
um|brin|gen, du bringst um,
er brachte um, sie hat
umgebracht
um|dre|hen → drehen
die Umdrehung
der **Um|fang,** die Umfänge
umfangreich
die **Um|fra|ge,** die Umfragen
der **Um|gang**
die Umgangssprache
die **Um|ge|bung,**
die Umgebungen
umgeben
um|ge|hen, du umgehst,
er umging, sie hat umgangen
die Umgehungsstraße
um|ge|kehrt
der **Um|hang,** die Umhänge
umhängen
die Umhängetasche

die Ufos

170

Unfall

um|keh|ren, du kehrst um	**Un**
der **Um|klei|de|raum,** die Umkleideräume	un|ab|hän|gig die Unabhängigkeit
um|krem|peln, du krempelst um	un|an|ge|nehm
der **Um|laut,** die Umlaute	un|auf|fäl|lig
um|lei|ten → leiten die Umleitung	un|aus|ge|schla|fen
um|ran|den, du umrandest die Umrandung	un|aus|steh|lich

der **Um|klei|de|raum,** die Umkleideräume
um|krem|peln, du krempelst um
der **Um|laut,** die Umlaute
um|lei|ten → leiten
die Umleitung
um|ran|den, du umrandest
die Umrandung
um|rech|nen → rechnen
die Umrechnung
der **Um|riss,** die Umrisse
der **Um|satz,** die Umsätze
der **Um|schlag,** die Umschläge
um|so
umso besser
um|sonst
um|ständ|lich
sich um|stel|len, du stellst dich um
die Umstellung
um|tau|schen → tauschen
der Umtausch
der **Um|weg,** die Umwege
die **Um|welt**
umweltfreundlich
der Umweltschutz
die Umweltverschmutzung
um|zie|hen, du ziehst um, er zog um, sie ist umgezogen
sich umziehen
der **Um|zug,** die Umzüge

Un
un|ab|hän|gig
die Unabhängigkeit
un|an|ge|nehm
un|auf|fäl|lig
un|aus|ge|schla|fen
un|aus|steh|lich
un|barm|her|zig
un|be|dingt
un|be|kannt
un|be|liebt
un|be|mannt
un|be|nutzt
un|be|o|bach|tet
un|be|quem
un|be|re|chen|bar
un|be|schreib|lich
un|be|waff|net
un|be|zahl|bar
und
un|dank|bar
un|deut|lich
un|dicht
un|durch|sich|tig
un|end|lich
un|ent|schie|den
un|ent|schul|digt
un|er|laubt
un|er|träg|lich
un|er|war|tet
un|er|wünscht
un|fair
der **Un|fall,** die Unfälle
die Unfallgefahr
die Unfallursache

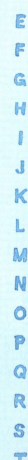

171

unfassbar

	un|fass|bar		un|in|te|res|sant
	un|freund|lich	die	U|ni|ver|si|tät,
der	Un|fug		die Universitäten
	Unfug treiben		un|klar
	Un|garn		un|kon|zen|triert
	ungarisch	das	Un|kraut
	un|ge|dul|dig		un|le|ser|lich
	die Ungeduld		un|lo|gisch
	un|ge|fähr		un|mo|dern
	un|ge|fähr|lich		un|mög|lich
das	Un|ge|heu|er, die Ungeheuer		un|nach|gie|big
	un|ge|nü|gend		un|nö|tig
	un|ge|ra|de	das	Un|recht
	un|ge|recht		un|re|gel|mä|ßig
	die Ungerechtigkeit		un|reif
	un|ge|schickt		die Unreife
	un|ge|schminkt		un|ru|hig
	un|ge|sund		die Unruhe
	un|ge|wa|schen		uns, unser, unsere
	un|ge|wiss		un|schul|dig
	die Ungewissheit		die Unschuld
	un|ge|wöhn|lich		der Unschuldsengel
	un|ge|wohnt		un|si|cher
das	Un|ge|zie|fer		die Unsicherheit
	un|gif|tig		un|sicht|bar
	un|glaub|lich	der	Un|sinn
das	Un|glück, die Unglücke		un|ten
	unglücklich		un|ter
	der Unglücksfall		unter anderem
	der Unglücksrabe		untereinander
	un|gül|tig		un|ter|bre|chen,
	un|güns|tig		du unterbrichst,
	un|heim|lich		er unterbrach, sie hat
	un|höf|lich		unterbrochen
	die Unhöflichkeit		die Unterbrechung
	un|hy|gi|e|nisch	die	Un|ter|brin|gung,
die	U|ni|form, die Uniformen		die Unterbringungen

Unterteilung

ungerecht

un|ter|drü|cken,
du unterdrückst
die Unterdrückung
die **Un|ter|füh|rung,**
die Unterführungen
der **Un|ter|gang**
un|ter|halb
der **Un|ter|halt**
Unterhalt zahlen
un|ter|hal|ten,
du unterhältst,
er unterhielt, sie hat
unterhalten
sich unterhalten
unterhaltsam
die Unterhaltung
die **Un|ter|ho|se,** die Unterhosen
un|ter|ir|disch
die **Un|ter|kunft,** die Unterkünfte
un|ter|neh|men,
du unternimmst,
er unternahm, sie hat
unternommen
unternehmungslustig
das **Un|ter|neh|men,**
die Unternehmen

der **Un|ter|richt**
unterrichten
unterrichtsfrei
die Unterrichtsstunde
un|ter|schei|den,
du unterscheidest,
er unterschied, sie hat
unterschieden
die Unterscheidung
der **Un|ter|schied,**
die Unterschiede
unterschiedlich
der **Un|ter|schlupf**
unterschlüpfen
die **Un|ter|schrift,**
die Unterschriften
un|ter|strei|chen → streichen
die Unterstreichung
un|ter|stüt|zen → stützen
die Unterstützung
un|ter|su|chen,
du untersuchst
die Untersuchung
die **Un|ter|tas|se,** die Untertassen
die **Un|ter|tei|lung,**
die Unterteilungen

173

Unterwäsche

die Un|ter|wä|sche
un|ter|wegs
un|treu
die Untreue
un|ü|ber|legt
un|ü|ber|sicht|lich
un|un|ter|bro|chen
un|ver|dünnt
un|ver|gess|lich
un|ver|nünf|tig
die Unvernunft
un|ver|schämt
die Unverschämtheit
un|ver|ständ|lich
un|vor|sich|tig
un|vor|teil|haft
un|wahr|schein|lich
das Un|wet|ter, die Unwetter
un|zäh|lig
un|zer|trenn|lich
un|zu|frie|den
die Unzufriedenheit
un|zu|ver|läs|sig

Up
üp|pig

Ur
ur|alt
der U|ra|nus
der Ur|en|kel, die Urenkel
die Ur|en|ke|lin,
die Urenkelinnen
ur|ge|müt|lich
die Ur|groß|el|tern
die Urgroßmutter
der Urgroßvater

der U|rin
die Ur|kun|de, die Urkunden
der Ur|laub, die Urlaube
die Urlaubsreise
der Ur|mensch,
die Urmenschen
die Ur|ne, die Urnen
die Ur|sa|che, die Ursachen
der Ur|sprung, die Ursprünge
ursprünglich
das Ur|teil, die Urteile
urteilen
der Urteilsspruch
der Ur|wald, die Urwälder
die Ur|zeit
seit Urzeiten

Us
die USA
die United States
of America

Uv
die UV-Strah|len
die ultravioletten Strahlen

Va
die Va|gi|na, die Vaginen
der Vam|pir, die Vampire
die Va|nil|le
das Vanilleeis
der Vanillepudding
die Va|se, die Vasen

174

verdauen

der **Va|ter,** die Väter
väterlich
das Vaterunser
der **Va|ti|kan**

Ve
ve|ge|ta|risch
der Vegetarier,
die Vegetarierin
das **Veil|chen,** die Veilchen
veilchenblau
die **Ve|ne,** die Venen
das **Ven|til,** die Ventile
der **Ven|ti|la|tor,**
die Ventilatoren
die **Ve|nus**
sich **ver|ab|re|den,**
du verabredest dich
die Verabredung
sich **ver|ab|schie|den,**
du verabschiedest dich
die Verabschiedung
ver|ach|ten, du verachtest
die Verachtung
die **Ve|ran|da,** die Veranden
ver|än|dern → ändern
veränderlich
die Veränderung
die **Ver|an|stal|tung,**
die Veranstaltungen
veranstalten
die **Ver|ant|wor|tung**
verantworten
verantwortlich
das **Verb,** die Verben
der **Ver|band,** die Verbände
der Verbandskasten

die **Ver|ban|nung,**
die Verbannungen
ver|ber|gen, du verbirgst,
er verbarg, sie hat
verborgen
ver|bes|sern,
du verbesserst
die Verbesserung
sich **ver|beu|gen,**
du verbeugst dich
die Verbeugung
ver|bie|ten, du verbietest,
er verbot, sie hat verboten
ver|bin|den, du verbindest,
er verband, sie hat
verbunden
die Verbindung
ver|blüfft
das **Ver|bot,** die Verbote
das Verbotsschild
der **Ver|brauch**
verbrauchen
der Verbraucher,
die Verbraucherin
das **Ver|bre|chen,** die Verbrechen
der Verbrecher,
die Verbrecherin
ver|bren|nen → brennen
die Verbrennung
der **Ver|dacht**
verdächtig
verdächtigen
die Verdächtigung
Ver|dammt!
ver|dat|tert
ver|dau|en, du verdaust
die Verdauung

175

Verdeck

das **Ver|deck,** die Verdecke
verdecken
ver|der|ben, die Wurst
verdirbt, sie verdarb,
sie ist verdorben
den Spaß verderben
ver|die|nen, du verdienst
der Verdienst
ver|dop|peln,
du verdoppelst
die Verdoppelung
oder: Verdopplung
ver|dun|keln,
du verdunkelst
ver|dün|nen, du verdünnst
die Verdünnung
ver|duns|ten, das Wasser
verdunstet
die Verdunstung
ver|dutzt
ver|eh|ren, du verehrst
der **Ver|ein,** die Vereine
ver|ein|ba|ren,
du vereinbarst
die Vereinbarung
die **Ver|ei|ni|gung,**
die Vereinigungen
vereinigen
vereint

der **Ver|fall**
verfallen
das Verfallsdatum
ver|fas|sen, du verfasst
der Verfasser,
die Verfasserin
die **Ver|fas|sung,**
die Verfassungen
ver|fol|gen → folgen
die Verfolgung
die Verfolgungsjagd
ver|gam|melt
die **Ver|gan|gen|heit**
ver|ge|ben, du vergibst,
er vergab, sie hat
vergeben
die Vergebung
ver|ges|sen, du vergisst,
er vergaß, sie hat
vergessen
Vergiss mich nicht!
vergesslich
die **Ver|gif|tung,**
die Vergiftungen
vergiften
das **Ver|giss|mein|nicht,**
die Vergissmeinnicht
oder: Vergissmeinnichte

vergleichen

verleihen

ver|glei|chen,
du vergleichst, er verglich,
sie hat verglichen
der Vergleich
vergleichbar
die Vergleichsform
das Ver|gnü|gen
sich vergnügen
vergnügt
ver|grö|ßern,
du vergrößerst
die Vergrößerung
ver|haf|ten, der Polizist
verhaftet
die Verhaftung
das Ver|hal|ten
sich verhalten
das Ver|hält|nis|wort,
die Verhältniswörter
ver|han|deln,
du verhandelst
die Verhandlung
sich ver|has|peln,
du verhaspelst dich
ver|hasst
ver|hät|scheln,
du verhätschelst
ver|heim|li|chen,
du verheimlichst
ver|hei|ra|tet
ver|hext
ver|hin|dern, du verhinderst
die Verhinderung
das Ver|hör, die Verhöre
die Ver|hü|tung
sich ver|ir|ren, du verirrst dich
ver|ka|belt

ver|kau|fen → kaufen
der Verkauf
der Verkäufer,
die Verkäuferin
verkäuflich
der Ver|kehr
verkehrsberuhigt
das Verkehrschaos
die Verkehrserziehung
die Verkehrsinsel
verkehrssicher
der Verkehrsunfall
das Verkehrszeichen
ver|kehrt
sich ver|klei|den,
du verkleidest dich
die Verkleidung
ver|kno|tet
ver|korkst
ver|kracht
ver|krampft
der Ver|lag, die Verlage
ver|lan|gen, du verlangst
ver|län|gern,
du verlängerst
die Verlängerung
die Verlängerungsschnur
ver|las|sen, du verlässt,
er verließ, sie hat
verlassen
sich verlassen
die Verlassenheit
ver|le|gen
die Verlegenheit
ver|lei|hen → leihen
der Verleih
die Verleihung

verletzen

ver|let|zen, du verletzt
sich verletzen
verletzt
der Verletzte, die Verletzte
die Verletzung
die Verletzungsgefahr
sich **ver|lie|ben,** du verliebst dich
verliebt
die Verliebten
ver|lie|ren, du verlierst,
er verlor, sie hat verloren
der Verlierer, die Verliererin
das **Ver|lies,** die Verliese
die **Ver|lo|bung,**
die Verlobungen
sich verloben
ver|lo|ckend
ver|lo|ren
verloren gehen
die **Ver|lo|sung,**
die Verlosungen
verlosen
der **Ver|lust,** die Verluste
die **Ver|meh|rung**
sich vermehren
ver|mei|den → meiden
vermeidbar

ver|mie|ten → mieten
der Vermieter,
die Vermieterin
ver|mis|sen, du vermisst
der Vermisste,
die Vermisste
das **Ver|mö|gen,** die Vermögen
ver|mu|ten, du vermutest
vermutlich
die Vermutung
ver|nach|läs|si|gen,
du vernachlässigst
die **Ver|neh|mung,**
die Vernehmungen
vernehmen
vernehmungsfähig
ver|nich|ten, du vernichtest
ver|nünf|tig
die Vernunft
ver|pa|cken → packen
die Verpackung
ver|pas|sen, du verpasst
ver|pen|nen
ver|pes|ten
die Luft verpesten
ver|pfle|gen → pflegen
die Verpflegung

vermieten

Verschwörung

die **Ver|pflich|tung,**
die Verpflichtungen
sich verpflichten
ver|plem|pern,
du verplemperst Zeit
der **Ver|putz**
ver|quer
ver|ra|ten, du verrätst,
er verriet, sie hat verraten
der Verrat
der Verräter, die Verräterin
verräterisch
sich **ver|rech|nen,**
du verrechnest dich
ver|reg|net
die **Ver|ren|kung,**
die Verrenkungen
verrenken
ver|ros|tet
ver|rückt
der **Vers,** die Verse
ver|sa|gen, du versagst
ver|sam|meln → sammeln
sich versammeln
die Versammlung
der **Ver|sand**
der Versandhauskatalog
ver|säu|men, du versäumst
das Versäumnis
sich **ver|schan|zen,**
du verschanzt dich
ver|scheu|chen
→ scheuchen
ver|schie|den
verschiedenartig
die Verschiedenheit
ver|schla|fen

sich **ver|schlech|tern,**
der Zustand
verschlechtert sich
die Verschlechterung
ver|schleimt
ver|schlu|cken
→ schlucken
sich verschlucken
der **Ver|schluss,**
die Verschlüsse
ver|schmust
ver|schmutzt
verschmutzen
die Verschmutzung
ver|schnau|fen
→ schnaufen
die Verschnaufpause
ver|schneit
ver|schnupft
ver|schrei|ben, der Arzt
verschreibt
sich verschreiben
ver|schwen|den,
du verschwendest
verschwenderisch
die Verschwendung
ver|schwie|gen
die Verschwiegenheit
ver|schwin|den,
du verschwindest,
er verschwand, sie ist
verschwunden
ver|schwitzt
ver|schwom|men
die **Ver|schwö|rung,**
die Verschwörungen
sich verschwören

Ve**rsehen**

das **Ver|se|hen**
 aus Versehen
 versehentlich
die **Ver|set|zung,**
 die Versetzungen
 versetzt werden
 ver|seu|chen, der
 Fluss ist verseucht
die **Ver|si|che|rung,**
 die Versicherungen
 versichern
sich **ver|söh|nen,**
 du versöhnst dich
 die Versöhnung
 ver|sor|gen, du versorgst
 die Versorgung
sich **ver|spä|ten,**
 du verspätest dich
 die Verspätung
 ver|spielt
 ver|spre|chen,
 du versprichst,
 er versprach, sie hat
 versprochen
 sich versprechen
 das Versprechen
der **Ver|stand**
sich **ver|stän|di|gen,**
 du verständigst dich
 die Verständigung
 verständlich
das **Ver|ständ|nis**
 verständnisvoll
die **Ver|stär|kung,**
 die Verstärkungen
 Verstärkung holen
 der Verstärker

vertrauen

ver|staubt
ver|staucht
 die Verstauchung
das **Ver|steck,** die Verstecke
 verstecken
 Verstecken spielen
 das Versteckspiel
 ver|ste|hen, du verstehst,
 er verstand, sie hat
 verstanden
die **Ver|stei|ne|rung,**
 die Versteinerungen
die **Ver|stop|fung,**
 die Verstopfungen
 verstopfen
der **Ver|such,** die Versuche
 versuchen
 der Versuchsballon
 die Versuchung
 ver|tei|di|gen, du verteidigst
 sich verteidigen
 der Verteidiger,
 die Verteidigerin
 die Verteidigung
 ver|tei|len → teilen
 die Verteilung

180

verwundet

der **Ver|trag,** die Verträge
der Vertragsbruch
sich **ver|tra|gen,**
du verträgst dich,
er vertrug sich, sie hat
sich vertragen
verträglich
ver|trau|en, du vertraust
das Vertrauen
vertrauensselig
vertrauenswürdig
vertraut
ver|träumt
ver|trei|ben → treiben
die Vertreibung
ver|tre|ten, du vertrittst,
er vertrat, sie hat vertreten
der Vertreter, die Vertreterin
die Vertretung
die Vertretungsstunde
ver|un|glü|cken,
du verunglückst
ver|ur|sa|chen,
du verursachst
der Verursacher,
die Verursacherin
ver|ur|tei|len, du verurteilst
die Verurteilung
ver|wah|ren, du verwahrst
ver|wahr|lost
die Verwahrlosung
ver|waist
ver|wal|ten, du verwaltest
die Verwaltung
die **Ver|wand|lung,**
die Verwandlungen
verwandeln

ver|wandt
der Verwandte,
die Verwandte
die Verwandtschaft
ver|war|nen → warnen
die Verwarnung
ver|wech|seln,
du verwechselst
verwechselbar
die Verwechselung
oder: Verwechslung
ver|wei|gern → weigern
die Verweigerung
der **Ver|weis,** die Verweise
ver|welkt
ver|wen|den, du verwendest,
er verwendete oder:
er verwandte, sie hat
verwendet oder: sie hat
verwandt
verwendbar
die Verwendungs-
möglichkeit
ver|wer|ten, du verwertest
verwertbar
die Verwertung
ver|wirrt
verwirren
verwirrend
das Verwirrspiel
die Verwirrung
ver|wöh|nen, du verwöhnst
verwöhnt
ver|wun|dert
ver|wun|det
verwundbar
die Verwundung

Verwüstung

die **Ver|wüs|tung,**
die Verwüstungen
verwüsten
verwüstet
ver|zau|bern → zaubern
verzaubert
das **Ver|zeich|nis,**
die Verzeichnisse
ver|zei|hen, du verzeihst,
er verzieh, sie hat
verziehen
Verzeihung!
sich **ver|zet|teln,**
du verzettelst dich
ver|zich|ten, du verzichtest
der Verzicht
die **Ver|zie|rung,**
die Verzierungen
verzieren
ver|zö|gern → zögern
die Verzögerungstaktik
ver|zwei|feln,
du verzweifelst
verzweifelt
die Verzweiflung
der **Vet|ter,** die Vettern

verzichten

Vi
das **Vi|deo,** die Videos
der Videoclip
die Videokassette
der Videorecorder
oder: Videorekorder
der Videotext
die Videothek
das **Vieh**
die Viehherde
die Viehzucht
viel, mehr, am meisten
viel mehr
das Vielfache
vielfältig
der Vielfraß
vielmals
vielseitig
viel|leicht
vier
der Vierbeiner
das Viereck
viermal
das Viertel
um Viertel vor zwölf
die Viertelstunde
vierzehn
vierzig
die **Vil|la,** die Villen
vi|o|lett
die **Vi|o|li|ne,** die Violinen
der Violinschlüssel
der **Vi|rus** oder: das Virus,
die Viren
die Virusinfektion
das **Vi|sum,** die Visa
oder: Visen

Vorbild

das **Vi|ta|min,** die Vitamine
die Vitamintablette

Vo
der **Vo|gel,** die Vögel
die Vogelbeere
das Vogelhäuschen
die Vogelscheuche
das Vogelschutzgebiet
die **Vo|ka|bel,** die Vokabeln
das Vokabelheft
der **Vo|kal,** die Vokale
das **Volk,** die Völker
die Völkerverständigung
die Volkshochschule
die Volksmusik
voll
eine Hand voll
voll stopfen
das Vollbad
der Vollbart
das Vollblut
volljährig
das Vollkornbrot
der Volltreffer
vollzählig
der **Vol|ley|ball,** die Volleybälle
Volleyball spielen
völ|lig
voll|kom|men
voll|stän|dig
vol|ti|gie|ren, du voltigierst
vom (von dem)
ein Stück vom Kuchen
von
von klein auf
Von wegen!

von|ei|nan|der
voneinander lernen
vor
vor allem
vo|ran
vorankommen
vo|raus
im Voraus
vorausfahren
die Voraussage
die **Vo|raus|set|zung,**
die Voraussetzungen
vo|raus|sicht|lich
vor|bei
vorbeibringen
vorbeischauen
vor|be|rei|ten,
du bereitest vor
sich vorbereiten
die Vorbereitung
vor|be|stel|len → bestellen
die Vorbestellung
vor|beu|gen, du beugst vor
die Vorbeugung
das **Vor|bild,** die Vorbilder
vorbildlich

183

vordere

vor|de|re
die vordere Reihe
der Vordergrund
der Vordermann
das Vorderrad
vor|ei|lig
vor|ei|nan|der
sich voreinander fürchten
vor|erst
der **Vor|fahr** oder: Vorfahre,
die Vorfahren
die **Vor|fahrt**
die Vorfahrtstraße
oder: Vorfahrtsstraße
der **Vor|fall,** die Vorfälle
die **Vor|freu|de**
die **Vor|füh|rung,**
die Vorführungen
vorführen
vor|ges|tern
vorgestern Abend
der **Vor|hang,** die Vorhänge
vor|her
die Vorhersage
vor|hin
vo|ri|ge
voriges Jahr
vor|kom|men, es kommt vor,
es kam vor, es ist
vorgekommen
vor|läu|fig
vor|laut
vor|le|sen → lesen
der Vorlesewettbewerb
vor|letz|te
die vorletzte Seite
der Vorletzte, die Vorletzte

die **Vor|liebe,** die Vorlieben
vorlieb nehmen
vorm (vor dem)
vorm Essen
der **Vor|mit|tag,** die Vormittage
am Vormittag
gestern Vormittag
vormittags
eines Vormittags
der Sonntagvormittag
vor|ne oder: vorn
von vorn beginnen
von vornherein
vornüber
der **Vor|na|me,** die Vornamen
vor|nehm
sich **vor|neh|men,** du nimmst
dir vor, er nahm sich vor,
sie hat sich vorgenommen
der **Vor|ort,** die Vororte
der **Vor|rat,** die Vorräte
vorrätig
der Vorratsschrank
die **Vor|run|de,** die Vorrunden
vors (vor das)
vors Haus
der **Vor|satz,** die Vorsätze
vorsätzlich
die **Vor|schau**
der **Vor|schlag,**
die Vorschläge
vorschlagen
die **Vor|schrift,**
die Vorschriften
vorschriftsmäßig
die **Vor|schu|le,** die Vorschulen
das Vorschulalter

Waffel

	vor|sich|tig
	die Vorsicht
	vorsichtshalber
die	**Vor|sil|be,** die Vorsilben
die	**Vor|spei|se,** die Vorspeisen
der	**Vor|sprung,**
	die Vorsprünge
die	**Vor|stel|lung,**
	die Vorstellungen
	vorstellbar
	sich vorstellen
der	**Vor|teil,** die Vorteile
	vorteilhaft
der	**Vor|trag,** die Vorträge
	vortragen
	vo|rü|ber
	vorübergehen
	vorübergehend
das	**Vor|ur|teil,** die Vorurteile
der	**Vor|ver|kauf,**
	die Vorverkäufe
die	**Vor|wahl,** die Vorwahlen
die	**Vor|war|nung,**
	die Vorwarnungen
	vor|wärts
	vorwärts gehen
	der Vorwärtsgang
	vor|wie|gend
das	**Vor|wort**
der	**Vor|wurf,** die Vorwürfe
	vorwurfsvoll
	vor|zei|tig
der	**Vor|zug,** die Vorzüge
	vorzüglich

Vu

der **Vul\|kan,** die Vulkane

Wa

die	**Waa|ge,** die Waagen
	waagerecht
	oder: waagrecht
	die Waagschale
	wab|be|lig oder: wabblig
die	**Wa|be,** die Waben
	wach
	sich wach halten
	die Wache
	wachen
	wachsam
	der Wächter, die Wächterin
der	**Wa|chol|der**
	die Wacholderbeere
das	**Wachs**
	die Wachskerze
	der Wachsmalstift
	wachsweich
	wach|sen, du wächst,
	er wuchs, sie ist
	gewachsen
	das Wachstum
	wa|ckeln, du wackelst
	wackelig oder: wacklig
	der Wackelkontakt
	der Wackelpudding
die	**Wa|de,** die Waden
	der Wadenwickel
die	**Waf|fe,** die Waffen
	der Waffenstillstand
die	**Waf|fel,** die Waffeln
	das Waffeleisen

185

wagen

wa|gen, du wagst
waghalsig
das Wagnis
der Wa|gen, die Wagen
der Wagenheber
der Wag|gon, die Waggons
der Wa|gon, die Wagons
wäh|len, du wählst
die Wahl
der Wähler, die Wählerin
das Wahlgeheimnis
das Wahllokal
wahlweise
der Wahn|sinn
wahnsinnig
wahr
die Wahrheit
wäh|rend
währenddessen
wahr|neh|men,
du nimmst wahr,
er nahm wahr, sie hat
wahrgenommen
die Wahrnehmung
wahr|sa|gen, du wahrsagst
oder: du sagst wahr
der Wahrsager,
die Wahrsagerin
wahr|schein|lich
die Wahrscheinlichkeit
die Wäh|rung, die Währungen
die Währungsunion
das Wahr|zei|chen,
die Wahrzeichen
die Wai|se, die Waisen
das Waisenkind
der Wal, die Wale

der Wald, die Wälder
der Waldbrand
der Waldrand
das Waldsterben
der Walk|man,
die Walkmans
oder: Walkmen
der Wall, die Wälle
die Wal|nuss, die Walnüsse
das Wal|ross, die Walrosse
die Wal|ze, die Walzen
walzen
sich wäl|zen, du wälzt dich
der Wal|zer
Walzer tanzen
die Wand, die Wände
der Wandschrank
die Wandtafel
sich wan|deln,
du wandelst dich
der Wandel
die Wandlung
wan|dern, du wanderst
der Wanderer
oder: Wandrer, die Wanderin
oder: Wandrerin
der Wandertag
die Wanderung
die Wan|ge, die Wangen
wan|ken, du wankst
wann
die Wan|ne, die Wannen
die Wan|ze, die Wanzen
das Wap|pen, die Wappen
sich wapp|nen,
du wappnest dich
ich war → sein

we**ben**

wasserdicht

die **War|ze,** die Warzen
was
wa|schen, du wäschst, er wusch, sie hat gewaschen
das Waschbecken
die Wäsche
der Wäschetrockner
der Waschlappen
die Waschmaschine
das Waschpulver
das **Was|ser**
wasserdicht
der Wasserfall
der Wassergraben
der Wasserhahn
wässerig oder: wässrig
die Wasserleitung
der Wassermann
wasserscheu
die Wasserverschmutzung
wa|ten, du watest
wat|scheln, die Ente watschelt
das **Watt**
das Wattenmeer
die Wattwanderung
die **Wat|te**
der Wattebausch

Wc

das **WC,** die WCs
das Wasserklosett

We

we|ben, du webst
der Webrahmen

ich **wä|re** → sein
die **Wa|re,** die Waren
das Warenhaus
warm, wärmer, am wärmsten
warm halten
die Wärme
sich wärmen
die Wärmflasche
warmherzig
war|nen, du warnst
das Warndreieck
das Warnsignal
die Warnung
du **warst** → sein
ihr **wart** → sein
war|ten, du wartest
der Wartesaal
die Warteschlange
das Wartezimmer
der **Wär|ter,** die Wärter
die **Wär|te|rin,** die Wärterinnen
wa|rum

187

wechseln

wech|seln, du wechselst
der Wechsel
das Wechselgeld
wechselhaft
we|cken, du weckst
der Wecker
we|deln, der Hund wedelt
we|der
weder ... noch ...
weg
weggehen
weggucken
wegnehmen
wegräumen
wegwerfen
der **Weg,** die Wege
der Wegweiser
we|gen
weh
es tut mir weh
wehleidig
die **We|he,** die Wehen
we|hen, die Flagge weht
sich **weh|ren,** du wehrst dich
wehrlos
das **Weib,** die Weiber
weiblich
weich
weich gekocht
die **Wei|che,** die Weichen
wei|chen, du weichst,
er wich, sie ist gewichen
die **Wei|de,** die Weiden
weiden
die Weidenkätzchen
sich **wei|gern,** du weigerst dich
die Weigerung

wei|hen, der Priester weiht
die Weihe
der Weihrauch
der **Wei|her,** die Weiher
das **Weih|nach|ten**
oder: die Weihnacht
weihnachtlich
der Weihnachtsabend
das Weihnachtsfest
die Weihnachtszeit
weil
die **Wei|le**
ein Weilchen
der **Wein**
die Weinlese
die Weintraube
wei|nen, du weinst
weinerlich
wei|se
die Weisheit
der Weisheitszahn
weissagen
die **Wei|se,** die Weisen
die Art und Weise
wei|sen, du weist, er wies,
sie hat gewiesen
weiß
das Weißbrot
zur Weißglut bringen
weißhaarig
weit
von weitem
oder: von Weitem
die Weite
weitsichtig
der Weitsprung
weit und breit

Werft

wei|ter
ohne weiteres
oder: ohne Weiteres
weiterhin
weitersagen
der **Wei|zen**
das Weizenkorn
das Weizenmehl
wel|che, welcher, welches
wel|ken, die Rose welkt
welk
die **Wel|le,** die Wellen
die grüne Welle
das Wellenbad
wellig
der **Wel|len|sit|tich,**
die Wellensittiche
der **Wel|pe,** die Welpen
die **Welt,** die Welten
das Weltall
weltberühmt
der Weltkrieg
der Weltmeister,
die Weltmeisterin
der Weltraum
der Weltrekord
weltweit
die Dritte Welt
wem
Wem gehört das?

wen
Wen triffst du?
wen|den, du wendest,
er wendete oder: er wandte,
sie hat gewendet
oder: sie hat gewandt
die Wende
die Wendeltreppe
wendig
die Wendung
we|nig
zu wenig
das wenigste
wenigstens
wenn
Wenn du gehst, …
ohne Wenn und Aber
wer
Wer liest das?
wer|ben, du wirbst, er warb,
sie hat geworben
der Werbespot
die Werbung
wer|den, du wirst, sie wird,
er wurde, sie ist geworden,
ich würde
wer|fen, du wirfst, er warf,
sie hat geworfen
der Werfer, die Werferin
die **Werft,** die Werften

weitersagen

Werk

das **Werk,** die Werke
   werken
   die Werkstatt
   der Werktag
   werktags
   das Werkzeug
der **Wert,** die Werte
   viel wert sein
   wertlos
   die Wertsachen
   die Wertung
   wertvoll
das **We|sen,** die Wesen
   we|sent|lich
die **We|ser**
   wes|halb
die **Wes|pe,** die Wespen
   das Wespennest
   der Wespenstich
   wes|sen
   Wessen Buch ist das?
die **Wes|te,** die Westen
   die Westentasche
der **Wes|ten**
   westlich
   der Westwind
   wes|we|gen
   wet|ten, du wettest
   der Wettbewerb
   die Wette
   der Wettkampf
   das Wettrennen
das **Wet|ter**
   der Wetterbericht
   wetterfest
   die Wettervorhersage
   wet|zen, du wetzt

Wi

wich|tig
wi|ckeln, du wickelst
der Wickel
der Wickelrock
der **Wid|der,** die Widder
wi|der
der Widerhaken
die Widerrede
widerspenstig
widersprechen
der Widerspruch
der Widerstand
widerwillig
wid|men, du widmest
die Widmung
wie
wie viel
wie weit
das Wiewort
wie|der
wieder finden
wiederholen
die Wiederholung
sich wieder sehen
das Wiedersehen
die Wiedervereinigung
die **Wie|ge,** die Wiegen
das Wiegenlied
wie|gen, du wiegst, er wog, sie hat gewogen
wie|hern, das Pferd wiehert
Wies|ba|den
die **Wie|se,** die Wiesen
das **Wie|sel,** die Wiesel
wie|so

wirbeln

der Wi|kin|ger, die Wikinger
die Wi|kin|ge|rin,
    die Wikingerinnen
    wild
    das Wild
    wildfremd
    die Wildnis
    das Wildschwein
der **Wil|le**
    will|kom|men
    will|kür|lich
    die Willkür
    wim|meln, es wimmelt
    wim|mern, das Baby
    wimmert
der **Wim|pel,** die Wimpel
die **Wim|per,** die Wimpern
der **Wind,** die Winde
    die Windbö oder: Windböe
    windig
    die Windmühle
    die Windrichtung
    die Windschutzscheibe
    die Windstärke
    windstill
die **Win|del,** die Windeln

sich **win|den,** du windest dich,
    er wand sich, sie hat
    sich gewunden
    die Windung
die **Wind|po|cken**
der **Win|kel,** die Winkel
    winkelig oder: winklig
    win|ken, du winkst,
    er hat gewinkt
    der Wink
    win|seln, der Hund winselt
der **Win|ter,** die Winter
    winterfest
    winterlich
    der Winterschlaf
    der Wintersport
der **Win|zer,** die Winzer
die **Win|ze|rin,** die Winzerinnen
    win|zig
    wip|pen, du wippst
    die Wippe
    wir
der **Wir|bel,** die Wirbel
    die Wirbelsäule
    wir|beln, du wirbelst
    der Wirbelsturm

das Wettrennen

wird

er **wird** → werden
wir|ken, die Medizin wirkt
wirksam
die Wirkung
wirk|lich
die Wirklichkeit
wirr
der Wirrwarr
der **Wir|sing,** die Wirsings
du **wirst** → werden
der **Wirt,** die Wirte
die Wirtschaft
das Wirtshaus
die **Wir|tin,** die Wirtinnen
wi|schen, du wischst
der Wischlappen
wis|pern, du wisperst
wis|sen, du weißt,
er wusste, sie hat gewusst
wissbegierig
wissenswert
das **Wis|sen**
die Wissenschaft
der Wissenschaftler,
die Wissenschaftlerin
wit|tern, du witterst
die **Wit|we,** die Witwen
der **Wit|wer,** die Witwer

der **Witz,** die Witze
der Witzbold
witzig
witzlos

Wo

wo
wo|an|ders
wo|bei
die **Wo|che,** die Wochen
das Wochenende
wochenlang
der Wochenmarkt
der Wochenplan
der Wochentag
wochentags
wöchentlich
wo|durch
wo|für
die **Wo|ge,** die Wogen
wogen
wo|her
wo|hin
wohl
sich wohl fühlen
das Wohl
der Wohlstand
wohltätig
wohlwollend
woh|nen, du wohnst
wohnlich
das Wohnmobil
der Wohnort
die Wohnung
der Wohnwagen
das Wohnzimmer
der **Wolf,** die Wölfe

Würde

die **Wol|ke,** die Wolken
der Wolkenbruch
der Wolkenkratzer
wolkig
die **Wol|le**
die Wolldecke
der Wollknäuel
oder: das Wollknäuel
wol|len, du willst, er wollte,
sie hat gewollt
wo|mit
die **Won|ne,** die Wonnen
wo|ran
wo|rauf
wo|rin
der **Work|shop,**
die Workshops
das **Wort,** die Wörter
die Wortart
der Wortbaustein
das Wörterbuch
die Wortfamilie
das Wortfeld
wörtlich
wortlos
der Wortschatz
der Wortstamm
wo|rü|ber
wo|von
wo|vor
wo|zu

Wr

das **Wrack,** die Wracks
wrin|gen, du wringst,
er wrang, sie hat
gewrungen

die Wirkung

Wu
wu|chern, das Unkraut
wuchert
der **Wuchs**
die **Wucht**
wuchtig
wüh|len, du wühlst
die Wühlmaus
die **Wun|de,** die Wunden
wund
das **Wun|der,** die Wunder
wunderbar
die Wunderkerze
sich wundern
wunderschön
der **Wunsch,** die Wünsche
sich wünschen
wunschlos
der Wunschzettel
die **Wün|schel|ru|te,**
die Wünschelruten
ich **wur|de** → werden
ich **wür|de** → werden
die **Wür|de**
würdevoll
würdigen
die Würdigung

193

Wurf

der **Wurf,** die Würfe
der **Wür|fel,** die Würfel
    würfeln
    der Würfelbecher
    das Würfelspiel
    der Würfelzucker
    wür|gen, du würgst
der **Wurm,** die Würmer
die **Wurst,** die Würste
    das Würstchen
    der Wurstsalat
    der Wurstzipfel
die **Wur|zel,** die Wurzeln
    der Wurzelballen
    wür|zen, du würzt
    die Würze
    würzig
    wu|sche|lig
    der Wuschelkopf
die **Wüs|te,** die Wüsten
    wüst
die **Wut**
    der Wutanfall
    wüten
    wütend
    wutschnaubend

die **X-Bei|ne**
    x-beinig oder: X-beinig
    x-be|lie|big
    x-mal
zum **x-ten** Mal
das **Xy|lo|fon,** die Xylofone

die **Yacht,** die Yachten
der **Ye|ti,** die Yetis
das **Yp|si|lon,** die Ypsilons
die **Yuc|ca,** die Yuccas

Za

die **Za|cke** oder: der Zacken,
    die Zacken
    zackig
    Zack, zack!
    zag|haft
    zäh
    zähflüssig
    die Zähigkeit
die **Zahl,** die Zahlen
    die Zahlenfolge
    die Zahlenkombination
    zahllos
    zahlreich
    das Zahlwort
    zah|len, du zahlst
    die Zahlung
    das Zahlungsmittel
    zäh|len, du zählst
    zählbar
    der Zähler
    zahm
    zähmen
    die Zähmung

Zeitschrift

der **Zahn,** die Zähne
    der Zahnarzt,
    die Zahnärztin
    der Zahnbelag
    die Zahnbürste
    zähnefletschend
    zähneknirschend
    die Zahnpasta
    die Zahnschmerzen
    die Zahnspange
die **Zan|ge,** die Zangen
sich **zan|ken,** du zankst dich
    der Zank
    zänkisch
zap|fen, du zapfst
    der Zapfhahn
    die Zapfsäule
der **Zap|fen,** die Zapfen
    das Zäpfchen
zap|peln, du zappelst
    zappelig oder: zapplig
zart
    zartbitter
    zärtlich
    die Zärtlichkeit
zau|bern, du zauberst
    der Zauber
    die Zauberei
    der Zauberer, die Zauberin
    zauberhaft
    das Zauberkunststück
das **Zaum|zeug,**
    die Zaumzeuge
der **Zaun,** die Zäune
    der Zaunkönig
    der Zaunpfahl
    umzäumen

Ze
das **Ze|bra,** die Zebras
    der Zebrastreifen
die **Ze|cke,** die Zecken
der **Zeh** oder: die Zehe,
    die Zehen
    der Zehennagel
    auf Zehenspitzen gehen
zehn
    die Zehn
    die Zehnerkarte
    der Zehnkampf
    zehnmal
    der Zehneuroschein
    das Zehncentstück
das **Zei|chen,** die Zeichen
    die Zeichensetzung
    die Zeichensprache
    zeich|nen, du zeichnest
    der Zeichenblock
    der Zeichentrickfilm
    die Zeichnung
zei|gen, du zeigst
    der Zeigefinger
    der Zeiger
die **Zei|le,** die Zeilen
die **Zeit,** die Zeiten
    eine Zeit lang
    von Zeit zu Zeit
    das Zeitalter
    die Zeitform
    zeitig
    die Zeitlupe
    die Zeitverschwendung
    das Zeitwort
die **Zeit|schrift,**
    die Zeitschriften

Zeitung

die **Zei|tung,** die Zeitungen
die Zeitungsanzeige
der Zeitungsartikel
das Zeitungspapier
die **Zel|le,** die Zellen
das **Zelt,** die Zelte
zelten
das Zeltlager
der **Ze|ment**
zementieren
die **Zen|sur,** die Zensuren
zensieren
der **Zen|ti|me|ter** (cm),
die Zentimeter
das Zentimetermaß
der **Zent|ner,** die Zentner
zentnerschwer
zen|tral
die Zentrale
die Zentralheizung
das **Zen|trum,** die Zentren
der **Zep|pe|lin,** die Zeppeline
zer|brech|lich
zer|fled|dert
zer|knirscht
zer|knül|len, du zerknüllst
zer|kratzt
zer|le|gen, du zerlegst
die Zerlegung
zer|ren, du zerrst
die Zerrung
zer|stö|ren, du zerstörst
zerstörerisch
die Zerstörung
die Zerstörungswut
zer|streut
die Zerstreuung

zer|strit|ten
ze|tern, du zeterst
der **Zet|tel,** die Zettel
der Zettelkasten
die Zettelwirtschaft
der **Zeu|ge,** die Zeugen
die Zeugenaussage
zeu|gen, ein Kind wird
gezeugt
die Zeugung
die **Zeu|gin,** die Zeuginnen
das **Zeug|nis,** die Zeugnisse
die Zeugnisausgabe
die Zeugniskonferenz

Zi

zi|ckig
im **Zick|zack**
die **Zie|ge,** die Ziegen
der Ziegenbock
der Ziegenkäse
der **Zie|gel,** die Ziegel
der Ziegelstein
zie|hen, du ziehst, er zog,
sie hat gezogen
der Ziehbrunnen
die Ziehharmonika
die Ziehung
das **Ziel,** die Ziele
zielen
die Zielgerade
ziellos
die Zielscheibe
zielsicher
zielstrebig
ziem|lich
sich **zie|ren,** du zierst dich

Zollstock

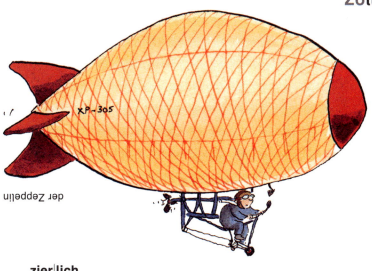

der Zeppelin

zier|lich
die **Zif|fer,** die Ziffern
das Zifferblatt
zig
zig Leute
zigmal
die **Zi|ga|ret|te,** die Zigaretten
die **Zi|gar|re,** die Zigarren
das **Zim|mer,** die Zimmer
die Zimmerlautstärke
zim|per|lich
der **Zimt**
die Zimtstange
das **Zink**
das **Zinn**
der **Zins,** die Zinsen
der **Zip|fel,** die Zipfel
die Zipfelmütze
zir|ka (ca.)
der **Zir|kus,** die Zirkusse
das Zirkuszelt
der **Zir|kel,** die Zirkel
das Zirkeltraining
zir|pen, die Grille zirpt

zi|schen, die Schlange zischt
die **Zi|tro|ne,** die Zitronen
der Zitronenfalter
zitronengelb
die Zitronenlimonade
die **Zi|trus|frucht,**
die Zitrusfrüchte
zit|tern, du zitterst
zitterig oder: zittrig
die Zitterpartie
zi|vil
der Zivildienst

Zo
der **Zoff**
Zoff haben
zö|gern, du zögerst
ohne Zögern
zögernd
der **Zoll,** die Zölle
zollfrei
der **Zoll|stock,** die Zollstöcke

197

Zone

die **Zo|ne,** die Zonen
der **Zoo,** die Zoos
der **Zopf,** die Zöpfe
der **Zorn**
    der Zornesausbruch
    zornig
    zot|te|lig oder: zottlig
    der Zottelbär

Zu

zu
zu Hause
zu viel
zu wenig
zu|al|ler|erst
zu|al|ler|letzt
das **Zu|be|hör**
der **Zu|ber,** die Zuber
zu|be|rei|ten,
du bereitest zu
die Zubereitung
die **Zuc|chi|ni**
oder: der Zucchino,
die Zucchini
züch|ten, du züchtest
Hunde
die Zucht
die Züchtung
zu|cken, der Blitz zuckt

der **Zu|cker**
zuckerkrank
das Zuckerrohr
die Zuckerrübe
zuckersüß
die Zuckerwatte
zu|ei|nan|der
zu En|de
zu|erst
der **Zu|fall,** die Zufälle
zufällig
die **Zu|flucht**
zu|frie|den
der **Zug,** die Züge
die Zugverbindung
die **Zu|ga|be,** die Zugaben
der **Zu|gang,** die Zugänge
die **Zug|brü|cke,**
die Zugbrücken
zu|ge|ben, du gibst zu,
er gab zu, sie hat
zugegeben
der **Zü|gel,** die Zügel
zu|gig
zü|gig
zu Hau|se
dein Zuhause
zu|hö|ren → hören
der Zuhörer, die Zuhörerin

zurückkommen

zuschauen

die **Zu|kunft**
zukünftig
die Zukunftspläne
zu|las|sen → lassen
zulässig
die Zulassung
zu|letzt
zu guter Letzt
zu|lie|be
dir zuliebe
zum (zu dem)
zum Beispiel (z. B.)
zum Essen kommen
zum Teil (z. T.)
zu|min|dest
zu|mu|ten, du mutest zu
zumutbar
zu|nächst
der **Zu|na|me,** die Zunamen
zün|den, du zündest
zündeln
zündend
das Zündholz
die Zündkerze
die Zündung
zu|neh|men, du nimmst zu,
er nahm zu, sie hat
zugenommen
zunehmend
die **Zu|nei|gung**
die **Zunft,** die Zünfte
die **Zun|ge,** die Zungen
der Zungenbrecher
zu|nich|te
zunichte machen
zu|ord|nen → ordnen
die Zuordnung

zup|fen, du zupfst
das Zupfinstrument
zur (zu der)
zur Freundin gehen
sich **zu|recht|fin|den** → finden
zu|rück
zurückkommen
es gibt kein Zurück
die **Zu|sa|ge,** die Zusagen
zu|sam|men
zu|sam|men|ar|bei|ten
→ arbeiten
die Zusammenarbeit
der **Zu|sam|men|bruch,**
die Zusammenbrüche
zu|sam|men|fas|sen, du fasst
zusammen
die Zusammenfassung
der **Zu|sam|men|hang,**
die Zusammenhänge
zusammenhängend
zu|sam|men|schrei|ben
→ schreiben
die Zusammenschreibung
zu|sam|men|set|zen, du setzt
zusammen
die Zusammensetzung
zu|sam|men|sto|ßen
→ stoßen
der Zusammenstoß
zu|sätz|lich
der Zusatz
die Zusatzzahl
zu|schau|en → schauen
der Zuschauer,
die Zuschauerin
die Zuschauertribüne

199

Zuschrift

			zu|trau|en, du traust zu
			das Zutrauen
			zutraulich
		der	**Zu|tritt**
			zu|ver|läs|sig
			die Zuverlässigkeit
			zu|ver|sicht|lich
			zu|vor
			zuvorkommen
		die	**Zu|wen|dung,**
			die Zuwendungen
			zu|wider
			Zw
die	**Zu|schrift,** die Zuschriften	der	**Zwang,** die Zwänge
der	**Zu|schuss,** die Zuschüsse		zwanglos
der	**Zu|stand,** die Zustände		**zwan|zig**
	zu|stän|dig		der Zwanzigeuroschein
	zu|stim|men → stimmen		**zwar**
	die Zustimmung	der	**Zweck,** die Zwecke
die	**Zu|tat,** die Zutaten		zwecklos
	zu|tiefst		zweckmäßig

Zylinder

zwei
die Zwei
eine Zwei schreiben
das Zweibettzimmer
zweifarbig
zweischneidig
zweiteilig
der **Zwei|fel,** die Zweifel
zweifellos
zweifeln
der **Zweig,** die Zweige
der **Zwerg,** die Zwerge
das Zwergkaninchen
die **Zwet|sche,**
die Zwetschen
die **Zwetsch|ge,**
die Zwetschgen
zwi|cken, du zwickst
die **Zwick|müh|le,**
die Zwickmühlen
der **Zwie|back,** die Zwiebäcke
oder: Zwiebacke

die **Zwie|bel,** die Zwiebeln
der **Zwil|ling,** die Zwillinge
zwin|gen, du zwingst mich,
er zwang mich, sie hat
mich gezwungen
der Zwinger
zwin|kern, du zwinkerst
zwi|schen
zwischendurch
der Zwischenfall
die Zwischenmahlzeit
der Zwischenraum
zwit|schern, der Vogel
zwitschert
zwölf
die Zwölf
zwölfmal
der Zwölfzylindermotor

Zy
der **Zy|klus,** die Zyklen
der **Zy|lin|der,** die Zylinder
der Zylinderhut

zwecklos

201

Schwierige Wörter

Es gibt Wörter, die habens in sich. Sie sehen harmlos aus, werden aber häufig falsch geschrieben. Hier ein Trainingsprogramm: ein paar Wörter abdecken, auswendig aufschreiben, vergleichen, verbessern. Wenn du jedes Wort auf ein Kärtchen schreibst, kannst du die, die du richtig geschrieben hast, zur Seite legen. Die falsch geschriebenen Wörter übst du immer wieder mit – so lange, bis du alle Wörter richtig schreiben kannst.

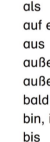
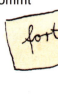

ab	fällt, er fällt
abends	fiel, sie fiel
aber	fort
alle	früh
als	für
auf einmal	ganz
aus	gar
außen	gestern
außer	habe, ich habe
bald	hat, sie hat
bin, ich bin	hatte, er hatte
bis	heute
bloß	hier
da	holt, sie holt
dann	ihm
dass, ich weiß, dass …	ihn
dein	ihnen
denn	ihr
dich	jetzt
dieses	kam, er kam
dir	kein
dort	kommt, sie kommt
draußen	las, sie las
durch	liest, er liest
ein bisschen	links
etwa	mal
euer	man

202

mehr
mein
meistens
mich
mir
musste, sie musste
nach
nächste
nahm, er nahm
nämlich
nein
nicht
nichts
nie
noch
oft
ohne
passiert, es passiert
plötzlich
rechts
sah, sie sah
schon
sehr
seid, ihr seid
sein
seit, seit gestern
sich
sieht, sie sieht
sind, sie sind
so
sofort
sonst
spät
stets
trotz

trotzdem
ungefähr
unter
viel
vielleicht
von
vor
während
wann
war, sie war
wäre, er wäre
weg
wenig
wie viel
wieder
will, er will
wollte, sie wollte
ziemlich
zuletzt

203

Wörter, die schwer zu finden sind

Es gibt Wörter, die man im Wörterbuch schwer findet, weil sie anders ausgesprochen als geschrieben werden. Besonders schwierig ist es, wenn das am Wortanfang so ist. Wenn du „Jeans" sagst, hörst du am Anfang des Wortes „Dschi". Unter D findest du aber keine „Jeans". Da hilft nur Nachdenken und Suchen oder diese Liste, in der die Wörter zusammengestellt sind, die am schwierigsten zu finden sind.

die Action
das Aerobic
Aids
der Airbag
die Aubergine

das Baby
die Band
der Boiler
der Bon
das Bonbon
die Boutique
der Boy
die Bronze
der Buggy
der Burger
der Button

campen
catchen
der Champion
die Chance
der Clown
cool
die Couch

der Count-down
der Cousin
die Cousine
der Cowboy
das Cowgirl
das Croissant
der Curry
der Cursor

die E-Mail

fair
der Fan
das Foul

der Gag
der Gangster
das Gelee
sich genieren
das Girl
das Girokonto
die Grapefruit

das Handy
happy

der Ingenieur
die Ingenieurin

die Jalousie
die Jeans

der Jeep
der Job
der Jockey
joggen
der Joker
jonglieren
der Journalist
die Journalistin
der Joystick
der Jumbo
die Jury

das Keyboard

der Laptop
der Laser
live
die Loipe

204

die Longe
der Looping

der Macho
das Make-up
der Manager
die Managerin
das Match
das Mountainbike
das Musical

okay
die Orange
out
das Outfit
der Outsider

der Personal-
  computer
das Play-back
die Pommes frites

die Power
das Puzzle
der Pyjama

die Rallye
die Ranch
rangieren
das Recycling
die Regie
relaxen
das Restaurant

sich revanchieren
die Roulade
die Route
der Rowdy
das Rugby
die Rushhour

der Safe
die Saison
das Sandwich
die Sauce
der Scanner
der Sciencefiction-
  film
der Service
das Shampoo
der Sheriff
das Shetlandpony
die Shorts
die Show
der Single

das Skateboard
der Slum
der Souffleur
die Souffleuse
das Souvenir
der Spaceshuttle
der Spray

das Squash
das Steak
der Steward
die Stewardess
der Streetball
das Stuntgirl
der Stuntman
surfen
das Sweatshirt
die Szene

die Taille
die Talkshow
das Tape
das Team
der Techno
der Teenager
der Toast
die Toilette
die Tour
der Tourist
die Touristin
trainieren
trampen
das T-Shirt

die United States
  of America

der Walkman
der Workshop

die Zucchini

205

Sage es anders …

Die folgende Liste ist eine Wortschatzliste, in der du nach dem Wort stöbern kannst, das du gerade brauchst. Fehlt dir eins, um ein anderes zu ersetzen, das du schon mehrmals in deinem Text verwendet hast? Oder suchst du ein Wort, das treffender sagt, was du eigentlich meinst? Es kann auch vorkommen, dass dir beim Rätselraten nicht mehr der passende Ausdruck für eine bestimmte Sache einfällt. In dieser Wortschatzkiste findest du ihn vielleicht.

A

anfangen oder anbrechen, anpacken, die Arbeit aufnehmen, beginnen, einsteigen, entstehen, eröffnen, loslegen, in Schwung kommen, starten

angeben oder sich aufblasen, aufschneiden, sich brüsten, prahlen, übertreiben, sich wichtig machen

Angst haben oder den Atem anhalten, Bammel haben, bangen, beben, bibbern, entsetzt sein, erschauern, erschrecken, sich fürchten, eine Gänsehaut bekommen, sich gruseln, Lampenfieber haben, den Mut verlieren, in Panik geraten, schaudern, schlottern, sich Sorgen machen, zittern

antworten oder Auskunft geben, beantworten, eingehen auf, einwerfen, entgegnen, erwidern, Kontra geben, sich melden, reagieren, widersprechen

aufmerksam oder achtsam, gespannt, hilfsbereit, höflich, konzentriert, umsichtig, vertieft, wachsam, zuvorkommend

sich aufregen oder sich ärgern, ausflippen, sich empören, sich entrüsten, sich ereifern, explodieren, fuchsteufelswild werden, aus der Haut fahren, in die Luft gehen, die Wände hochgehen, vor Wut platzen, wütend sein

B

beenden oder abbrechen, abschließen, aufgeben, aufhören, auflösen, beschließen, einstellen, zu Ende bringen, fertig machen, Schluss machen, einen Schlussstrich ziehen

bekommen oder empfangen, entgegennehmen, ergattern, erhalten, gewinnen, kriegen

beschreiben oder ausmalen, darstellen, erklären, erörtern, erzählen, formulieren, mitteilen, nacherzählen, schildern, verdeutlichen, wiedergeben

blöd oder begriffsstutzig, dämlich, doof, dumm, dümmlich, dusselig, einfältig, schwer von Begriff, töricht, unbegabt, unerfahren

böse oder abscheulich, bitterböse, bösartig, boshaft, ekelhaft, fies, frech, garstig, gehässig, gemein, gemeingefährlich, heimtückisch, hinterhältig, niederträchtig, sauer, schlimm, übel, unartig, unfreundlich, verärgert, wütend, zornig

brennen oder anbrennen, entfachen, Feuer fangen, flackern, in Flammen aufgehen, glimmen, glühen, lodern, schmoren, schwelen, verkohlen, züngeln

D

dann oder im Anschluss daran, im nächsten Augenblick, da, danach, darauf, daraufhin, hinterher, einige Minuten später, nachdem, schließlich, später, nach einiger Zeit

denken oder brüten, sich fragen, grübeln, knobeln, sich den Kopf zerbrechen, nachdenken, rätseln, überlegen

dick oder fett, füllig, mollig, pummelig, rund, schwabbelig, schwer, vollschlank

dunkel	oder	dämmerig, düster, finster, schummerig, schwarz, stockfinster, trübe
dünn	oder	abgemagert, dürr, hager, mager, schlank, schmal, spindeldürr, unterernährt, zart, zierlich
einsam	oder	abgelegen, allein, mutterseelenallein, öde, im Stich gelassen, unbelebt, vereinsamt, verlassen, verwaist, zurückgezogen
erfahren	oder	aufschnappen, erleben, erzählt bekommen, herausbekommen, hören, mitbekommen, eine Mitteilung bekommen, zu Ohren bekommen
essen	oder	sich ernähren, übers Essen herfallen, futtern, den Hunger stillen, knabbern, kosten, löffeln, Nahrung zu sich nehmen, naschen, schlemmen, schlingen, schnabulieren, speisen, sich stärken, tafeln, verdrücken, vertilgen, verzehren
fahren	oder	düsen, sich fortbewegen, kutschieren, lenken, radeln, rasen, reisen, rollen, sausen, schleichen
fallen	oder	abstürzen, ausrutschen, den Halt verlieren, herunterfallen, hinfallen, hinfliegen, hinknallen, plumpsen, purzeln, stolpern, stürzen, umkippen
fleißig	oder	arbeitsam, bienenfleißig, ehrgeizig, eifrig, emsig, rastlos, strebsam, tüchtig, unermüdlich
fliegen	oder	flattern, gleiten, durch die Luft schießen, schweben, schwingen, schwirren, segeln
sich freuen	oder	begeistert sein, beglückt sein, froh sein, fröhlich sein, genießen, glücklich sein, grinsen, aus dem Häuschen sein, jauchzen, jubeln, kichern, lächeln, guter Laune sein, schmunzeln

froh oder erfreut, erleichtert, erlöst, freudig, fröhlich, glücklich, gut gelaunt, heilfroh, heiter, lustig, munter, übermütig, unbesorgt, vergnügt, zufrieden

früher oder damals, ehemalig, einst, vor vielen Jahren, vorher, vor langer Zeit

geben oder aushändigen, bringen, darreichen, erteilen, in die Hand drücken, reichen, schenken, spenden, spendieren, überbringen, überlassen, überreichen, verleihen, vermachen, zustellen

Gefahr oder Bedrohung, Gefährdung, Klemme, Not, Risiko, Unheil, Unsicherheit

gehen oder bummeln, eilen, flanieren, flitzen, fortbewegen, hasten, humpeln, huschen, laufen, marschieren, rasen, rennen, sausen, schleichen, schlendern, schlurfen, schreiten, spazieren, spurten, staksen, stapfen, stelzen, trippeln, trödeln, wandern

Geräusch oder Gebrumme, Geraschel, Getöse, Klang, Knacken, Knall, Knistern, Krach, Kreischen, Lärm, Laut, Rascheln, Summen, Ton

groß oder breit, enorm, geräumig, gewaltig, gigantisch, hoch, hoch gewachsen, lang, mächtig, riesig, stattlich, unermesslich, ungeheuer, wuchtig

Haus oder Anwesen, Bau, Bauwerk, Bude, Bungalow, Burg, Einfamilienhaus, Gebäude, Heim, Hochhaus, Hotel, Hütte, Mietshaus, Palast, Schloss, Villa, Wohnhaus, Wohnsitz, Wolkenkratzer

helfen oder mit anfassen, unter die Arme greifen, behilflich sein, beistehen, einspringen, fördern, sich nützlich machen, unterstützen

I

Idee   oder Bedeutung, Einfall, Eingebung, Erleuchtung, Gedanke, Geistesblitz, Vorschlag, Vorstellung

immer   oder dauernd, ohne Ende, ewig, in einem fort, fortwährend, generell, immerzu, jederzeit, jedes Mal, regelmäßig, ständig, stets, unaufhörlich

interessant   oder ansprechend, aufregend, bemerkenswert, faszinierend, fesselnd, mitreißend, packend, reizvoll, spannend, ungewöhnlich, unterhaltend, wissenswert

J

jetzt   oder im Augenblick, augenblicklich, derzeit, eben, gerade, gleich, im Moment, momentan, nun, soeben, sofort, auf der Stelle, zur Stunde, zurzeit

K

kalt   oder bitterkalt, eisig, eiskalt, frisch, frostig, kühl, nasskalt, winterlich

kaputt   oder beschädigt, brüchig, defekt, entzwei, schadhaft, zerbrochen, zerfetzt, zerrissen, zerstört

kaufen   oder anschaffen, Besorgungen machen, beziehen, sich eindecken, einkaufen, erstehen, erwerben, sich leisten, shoppen

Kind   oder Baby, Junge, junger Mensch, Kid, Kleinkind, Krabbelkind, Mädchen, Nachwuchs, Neugeborenes, Säugling, Schüler, Schülerin

klein   oder gering, klitzeklein, knapp, kümmerlich, kurz, mickrig, mini, minimal, schmal, unbedeutend, wenig, winzig, zierlich

klug   oder aufgeweckt, begabt, besonnen, clever, genial, gescheit, gewitzt, intelligent, scharfsinnig, schlau, wach, weise

lachen	oder	feixen, sich freuen, gackern, grinsen, jauchzen, kichern, lächeln, einen Lachkrampf bekommen, losbrüllen, losprusten, sich schieflachen, schmunzeln, strahlen, Tränen lachen, wiehern
langsam	oder	allmählich, bedächtig, gemächlich, ohne Eile, lahm, nach und nach, in Ruhe, ruhig, schleppend, im Schneckentempo, schrittweise, schwerfällig, tranig, trottelig, zögernd
laut	oder	deutlich, dröhnend, durchdringend, geräuschvoll, grell, hörbar, lärmend, lautstark, ohrenbetäubend, schallend, schrill, stimmgewaltig
leicht	oder	easy, einfach, federleicht, gefahrlos, kinderleicht, locker, mühelos, ohne Probleme, ohne jede Schwierigkeit, schwerelos, spielend
leise	oder	gedämpft, geräuschlos, kaum hörbar, lautlos, ruhig, still, auf Zehenspitzen
lernen	oder	ackern, sich aneignen, begreifen, sich bilden, büffeln, sich einprägen, einüben, erfassen, sich auf den Hosenboden setzen, informieren, Kenntnisse erwerben, die Nase in ein Buch stecken, pauken, studieren, üben, verstehen
lügen	oder	anlügen, anschmieren, einen Bären aufbinden, belügen, erfinden, flunkern, schwindeln, täuschen, die Unwahrheit sagen, verdrehen, vorgaukeln
machen	oder	anfertigen, arbeiten, ausführen, basteln, betreiben, entwerfen, erledigen, erzeugen, fabrizieren, fertig stellen, handeln, herstellen, tun, unternehmen, verrichten, vollführen, zubereiten

211

	mutig	oder	beherzt, draufgängerisch, entschlossen, furchtlos, heldenhaft, keck, kühn, risikofreudig, selbstbewusst, tapfer, todesmutig, tollkühn, unerschrocken, verwegen, wagemutig, waghalsig
N	**neu**	oder	aktuell, fremd, frisch, nagelneu, neuwertig, taufrisch, unbekannt, unbenutzt, ungebraucht, ungetragen, ungewohnt
O	**oft**	oder	häufig, immer wieder, mehrfach, mehrmals, meist, meistens, öfter, oftmals, vielfach, wiederholt
	ordentlich	oder	aufgeräumt, genau, geordnet, gewissenhaft, gründlich, ordnungsliebend, reinlich, sauber, sorgfältig, tadellos, übersichtlich
P	**Pech**	oder	Fehlschlag, Missgeschick, Panne, Pleite, Unglück
	planen	oder	aufzeichnen, ins Auge fassen, beabsichtigen, durchdenken, entwerfen, organisieren, überlegen, vorbereiten, vorhaben, sich vornehmen, wollen
	plötzlich	oder	abrupt, auf einmal, Hals über Kopf, aus heiterem Himmel, mit einem Mal, schlagartig, schnell, überraschend, unerwartet, unvermutet, unvorhergesehen
	pünktlich	oder	im richtigen Augenblick, beizeiten, genau, auf die Minute, rechtzeitig, ohne Verspätung, zeitig
R	**Regen**	oder	Dusche, Guss, Niederschlag, Nieselregen, Platzregen, Schauer, Sprühregen, Tropfen, Unwetter, Wolkenbruch

sagen oder ankündigen, antworten, ausrichten, behaupten, benachrichtigen, berichten, beschreiben, beteuern, brüllen, brummeln, durchsagen, einwenden, entgegnen, erklären, erwähnen, erzählen, flehen, flüstern, fragen, informieren, klagen, meinen, mitteilen, murmeln, plappern, plaudern, reden, rufen, schildern, schreien, schwätzen, sprechen, stammeln, stottern, tuscheln, übermitteln, sich unterhalten, verkünden, vorschlagen, vortragen, wispern

schimpfen oder anbrüllen, anfahren, anfauchen, beschimpfen, donnern, explodieren, fluchen, den Kopf waschen, den Marsch blasen, maulen, meckern, motzen, murren, rügen, schelten, tadeln, toben, wettern

schmutzig oder dreckig, fettig, fleckig, ölig, schmierig, schmuddelig, staubig, ungepflegt, ungewaschen, unsauber, verdreckt, verschmutzt, verunreinigt

schnell oder blitzartig, blitzschnell, eilig, fix, flink, flott, flugs, geschwind, hastig, pfeilschnell, rasant, rasch, schnittig, spritzig

schön oder bildschön, blendend, entzückend, gut aussehend, herrlich, hübsch, lieblich, niedlich, prächtig, reizend, traumhaft, wunderbar, wunderschön, wundervoll, zauberhaft

schrecklich oder abscheulich, beängstigend, bestürzend, entsetzlich, erschreckend, furchtbar, Furcht erregend, fürchterlich, grässlich, grauenhaft, haarsträubend, katastrophal, schauderhaft, schaurig, scheußlich, schlimm, widerlich

213

sehen	oder	ansehen, äugen, bemerken, beobachten, betrachten, blinzeln, entdecken, erblicken, erkennen, erspähen, gaffen, gucken, mustern, schauen, sichten, starren, wahrnehmen
singen	oder	brummen, grölen, jodeln, jubilieren, leiern, schmettern, summen, trällern, trillern, vortragen, zirpen, zwitschern
Streit	oder	Auseinandersetzung, Kabbelei, Konflikt, Krach, Krawall, Meinungsverschiedenheit, Querelen, Reiberei, Stunk, Unfriede, Zank, Zoff, Zwist
streiten	oder	aneinander geraten, sich anfeinden, sich anlegen, sich auseinander setzen, sich bekämpfen, sich in den Haaren liegen, sich kabbeln, sich verkrachen, sich zanken
stur	oder	beharrlich, bockig, dickköpfig, eigensinnig, eisern, engstirnig, halsstarrig, rechthaberisch, starrköpfig, störrisch, trotzig, unnachgiebig, verbissen, verstockt, widerspenstig
Täter, Täterin	oder	Attentäter, Attentäterin, Bandit, Bösewicht, Dieb, Diebin, Einbrecher, Einbrecherin, Gangster, Gangsterin, Gauner, Gaunerin, Mörder, Mörderin, Räuber, Räuberin, Schurke, Schurkin, Strolch, Übeltäter, Übeltäterin, Verbrecher, Verbrecherin

traurig	oder	bedrückt, bekümmert, betrübt, deprimiert, entmutigt, enttäuscht, niedergeschlagen, trübselig, unglücklich, untröstlich, verzweifelt

verfolgen	oder	nicht aus den Augen lassen, beschatten, hetzen, hinterhergehen, jagen, nachlaufen, nachspionieren, nachstellen, auf der Spur sein

verstehen	oder	begreifen, durchschauen, einsehen, erfassen, erkennen, fassen, hören, kapieren, lernen, nachempfinden, nachvollziehen
warm	oder	behaglich, handwarm, heiß, lau, lauwarm, mild, mollig, sommerlich, sonnig
Wasser	oder	Bach, Fluss, Flüssigkeit, Meer, das Nass, nasses Element, Ozean, Pfütze, Quelle, Rinnsal, See, Strom, Teich, Tümpel
Weg	oder	Feldweg, Fußweg, Heimweg, Kurs, Pfad, Radweg, Route, Schulweg, Straße, Strecke, Trampelpfad, Umweg, Waldweg
weinen	oder	sich ausheulen, heulen, greinen, jammern, klagen, kreischen, plärren, quengeln, schluchzen, sich in Tränen auflösen, Tränen vergießen, wimmern
wunderbar	oder	entzückend, fabelhaft, fantastisch, fein, herrlich, himmlisch, klasse, perfekt, prachtvoll, schön, toll, überwältigend, vortrefflich, wundervoll
Zeit	oder	Ära, Augenblick, Datum, Dauer, Ewigkeit, Frist, Gegenwart, Jahreszeit, Moment, Tageszeit, Uhrzeit, Vergangenheit, Zukunft
zerstören	oder	abbrechen, abreißen, kaputtmachen, ruinieren, verbrennen, verderben, vernichten, verwüsten, zerbrechen, zerfetzen, zerschlagen
ziehen	oder	abschleppen, reißen, schleifen, schleppen, ins Schlepptau nehmen, zerren, zupfen

Schwierige Veränderungen

Manche Zeitwörter machen es einem richtig schwer. Wenn sich die Person ändert, die etwas tut, oder die Zeit, in der etwas getan wird, verändern sie ihre Form mehr als andere Zeitwörter. Man kann sie kaum noch erkennen. Weil die Formen so verschieden sind, suchst du im Wörterbuch immer an der falschen Stelle nach ihnen und gibst schließlich auf. Wer kann schon wissen, dass man „er biss" unter „beißen" suchen muss? Hier ist eine Liste dieser schwierigen Zeitwörter. Hoffentlich hilft sie dir.

Schau dir die Bilder auf den nächsten Seiten einmal genau an. Errätst du, welche Verben gemeint sind? Die Auflösung findest du am Ende der Liste!

B

Grundform	Gegenwart	1. Vergangenheit	2. Vergangenheit
befehlen	du befiehlst	er befahl	sie hat befohlen
beginnen	du beginnst	er begann	sie hat begonnen
beißen	du beißt	er biss	sie hat gebissen
sich besinnen	du besinnst dich	er besann sich	sie hat sich besonnen
betrügen	du betrügst	er betrog	sie hat betrogen
biegen	du biegst	er bog	sie hat gebogen
bieten	du bietest	er bot	sie hat geboten
binden	du bindest	er band	sie hat gebunden
bitten	du bittest	er bat	sie hat gebeten
blasen	du bläst	er blies	sie hat geblasen

bleiben	du bleibst	er blieb	sie ist geblieben
braten	du brätst	er briet	sie hat gebraten
brechen	du brichst	er brach	sie hat gebrochen
brennen	es brennt	es brannte	es hat gebrannt
bringen	du bringst	er brachte	sie hat gebracht
denken	du denkst	er dachte	sie hat gedacht
dürfen	du darfst, er darf	er durfte	sie hat gedurft
empfangen	du empfängst	er empfing	sie hat empfangen
empfehlen	du empfiehlst	er empfahl	sie hat empfohlen
empfinden	du empfindest	er empfand	sie hat empfunden
entrinnen	du entrinnst	er entrann	sie ist entronnen
erschrecken	du erschreckst ihn oder: du erschrickst	er erschreckte ihn oder: er erschrak	sie hat ihn erschreckt oder: sie ist erschrocken
essen	du isst	er aß	sie hat gegessen
fahren	du fährst	er fuhr	sie ist gefahren
fallen	du fällst	er fiel	sie ist gefallen
fangen	du fängst	er fing	sie hat gefangen
fechten	du fichst	er focht	sie hat gefochten
finden	du findest	er fand	sie hat gefunden
flechten	du flichtst	er flocht	sie hat geflochten
fliegen	du fliegst	er flog	sie ist geflogen
fliehen	du fliehst	er floh	sie ist geflohen
fließen	es fließt	es floss	es ist geflossen

Grundform	Gegenwart	1. Vergangenheit	2. Vergangenheit
fressen	er frisst	er fraß	er hat gefressen
frieren	du frierst	er fror	sie hat gefroren
gären	er gärt	er gor	er ist gegoren
		oder: er gärte	oder: er hat gegärt
geben	du gibst	er gab	sie hat gegeben
gehen	du gehst	er ging	sie ist gegangen
gelingen	es gelingt	es gelang	es ist gelungen
gelten	es gilt	es galt	es hat gegolten
genießen	du genießt	er genoss	sie hat genossen
gerinnen	sie gerinnt	sie gerann	sie ist geronnen
geschehen	es geschieht	es geschah	es ist geschehen
gewinnen	du gewinnst	er gewann	sie hat gewonnen
gießen	du gießt	er goss	sie hat gegossen
gleiten	du gleitest	er glitt	sie ist geglitten
graben	du gräbst	er grub	sie hat gegraben
greifen	du greifst	er griff	sie hat gegriffen
haben	du hast, er hat	er hatte	sie hat gehabt
halten	du hältst	er hielt	sie hat gehalten
hängen	es hängt	es hing	es hat gehangen
heben	du hebst	er hob	sie hat gehoben
heißen	du heißt	er hieß	sie hat geheißen
helfen	du hilfst	er half	sie hat geholfen

K	kennen	du kennst	er kannte	sie hat gekannt
	klingen	du klingst	er klang	sie hat geklungen
	kneifen	du kneifst	er kniff	sie hat gekniffen
	kommen	du kommst	er kam	sie ist gekommen
	können	du kannst, er kann	er konnte	sie hat gekonnt
	kriechen	du kriechst	er kroch	sie ist gekrochen
L	laden	du lädst	er lud	sie hat geladen
	lassen	du lässt	er ließ	sie hat gelassen
	laufen	du läufst	er lief	sie ist gelaufen
	leiden	du leidest	er litt	sie hat gelitten
	leihen	du leihst	er lieh	sie hat geliehen
	lesen	du liest	er las	sie hat gelesen
	liegen	du liegst	er lag	sie hat gelegen
	lügen	du lügst	er log	sie hat gelogen
M	meiden	du meidest	er mied	sie hat gemieden
	melken	du melkst	er melkte	sie hat gemolken oder: sie hat gemelkt
	messen	du misst	er maß	sie hat gemessen
	mögen	du magst, er mag	er mochte	sie hat gemocht
	müssen	du musst, er muss	er musste	sie hat gemusst
N	nehmen	du nimmst	er nahm	sie hat genommen
	nennen	du nennst	er nannte	sie hat genannt
P	pfeifen	du pfeifst	er pfiff	sie hat gepfiffen

Grundform	Gegenwart	1. Vergangenheit	2. Vergangenheit
R			
raten	du rätst	er riet	sie hat geraten
reiben	du reibst	er rieb	sie hat gerieben
reißen	du reißt	er riss	sie hat gerissen
			oder: es ist gerissen
reiten	du reitest	er ritt	sie ist geritten
			oder: sie hat geritten
rennen	du rennst	er rannte	sie ist gerannt
riechen	du riechst	er roch	sie hat gerochen
ringen	du ringst	er rang	sie hat gerungen
rufen	du rufst	er rief	sie hat gerufen
saufen	es säuft	es soff	es hat gesoffen
saugen	du saugst	er saugte	sie hat gesaugt
		oder: er sog	oder: sie hat gesogen
S			
scheiden	du scheidest	er schied	sie hat geschieden
scheinen	sie scheint	sie schien	sie hat geschienen
schieben	du schiebst	er schob	sie hat geschoben
schießen	du schießt	er schoss	sie hat geschossen
schlafen	du schläfst	er schlief	sie hat geschlafen
schlagen	du schlägst	er schlug	sie hat geschlagen
schleichen	du schleichst	er schlich	sie ist geschlichen
schleifen	du schleifst	er schliff	sie hat geschliffen
schließen	du schließt	er schloss	sie hat geschlossen

schlingen	du schlingst	er schlang	sie hat geschlungen
schmeißen	du schmeißt	er schmiss	sie hat geschmissen
schmelzen	es schmilzt	es schmolz	es ist geschmolzen
schneiden	du schneidest	er schnitt	sie hat geschnitten
schreiben	du schreibst	er schrieb	sie hat geschrieben
schreien	du schreist	er schrie	sie hat geschrien
schreiten	du schreitest	er schritt	sie ist geschritten
schweigen	du schweigst	er schwieg	sie hat geschwiegen
schwellen	er schwillt	er schwoll	er ist geschwollen
schwimmen	du schwimmst	er schwamm	sie ist geschwommen
schwingen	du schwingst	er schwang	sie hat geschwungen
schwören	du schwörst	er schwor	sie hat geschworen
sehen	du siehst	er sah	sie hat gesehen
sein	du bist, er ist	er war	sie ist gewesen
senden	du sendest	er sandte oder: er sendete	sie hat gesandt oder: sie hat gesendet
singen	du singst	er sang	sie hat gesungen
sinken	es sinkt	es sank	es ist gesunken
sitzen	du sitzt	er saß	sie hat gesessen
sollen	du sollst	er sollte	sie hat gesollt
spinnen	du spinnst	er spann	sie hat gesponnen
sprechen	du sprichst	er sprach	sie hat gesprochen
sprießen	es sprießt	es spross	es ist gesprossen

Grundform	Gegenwart	1. Vergangenheit	2. Vergangenheit
springen	du springst	er sprang	sie ist gesprungen
stechen	du stichst	er stach	sie hat gestochen
stehen	du stehst	er stand	sie hat gestanden
stehlen	du stiehlst	er stahl	sie hat gestohlen
steigen	du steigst	er stieg	sie ist gestiegen
sterben	du stirbst	er starb	sie ist gestorben
stinken	es stinkt	es stank	es hat gestunken
stoßen	du stößt	er stieß	sie hat gestoßen
streichen	du streichst	er strich	sie hat gestrichen
streiten	du streitest	er stritt	sie hat gestritten
tragen	du trägst	er trug	sie hat getragen
treffen	du triffst	er traf	sie hat getroffen
treiben	du treibst	er trieb	sie hat getrieben
treten	du trittst	er trat	sie hat getreten
trinken	du trinkst	er trank	sie hat getrunken
tun	du tust	er tat	sie hat getan
verbergen	du verbirgst	er verbarg	sie hat verborgen
verderben	es verdirbt	es verdarb	es ist verdorben
vergessen	du vergisst	er vergaß	sie hat vergessen
vergleichen	du vergleichst	er verglich	sie hat verglichen
verlieren	du verlierst	er verlor	sie hat verloren
verschwinden	du verschwindest	er verschwand	sie ist verschwunden

222

W

verzeihen	du verzeihst	er verzieh	sie hat verziehen
wachsen	du wächst	er wuchs	sie ist gewachsen
waschen	du wäschst	er wusch	sie hat gewaschen
weichen	du weichst	er wich	sie ist gewichen
weisen	du weist	er wies	sie hat gewiesen
wenden	du wendest	er wandte oder: er wendete	sie hat gewandt oder: sie hat gewendet
werben	du wirbst	er warb	sie hat geworben
werden	du wirst, er wird	er wurde	sie ist geworden
werfen	du wirfst	er warf	sie hat geworfen
wiegen	du wiegst	er wog	sie hat gewogen
sich winden	du windest dich	er wand sich	sie hat sich gewunden
wissen	du weißt	er wusste	sie hat gewusst
wollen	du willst, er will	er wollte	sie hat gewollt
wringen	du wringst	er wrang	sie hat gewrungen
ziehen	du ziehst	er zog	sie hat gezogen
zwingen	du zwingst	er zwang	sie hat gezwungen

Z

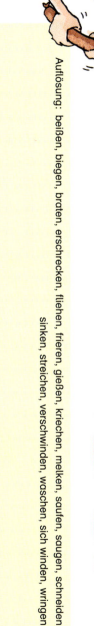

Auflösung: beißen, biegen, braten, erschrecken, fliehen, frieren, gießen, kriechen, melken, saufen, saugen, schneiden, sinken, streichen, verschwinden, waschen, sich winden, wringen

223

The family

to be born
to die
to earn
to like
to live
to look like
to love
to work

grandfather
grandmother
fath[er]
uncle
aunt
cousin
Tom
cousin

butcher

factory worke[r]

secretary

doctor

228

Die Familie

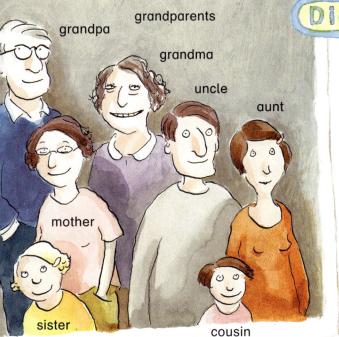

divorced
grown-up
married
old
young

baby
brother
child
daughter
parents
son

cook

baker

gardener

hairdresser

Food and drink

to bake
to choose
to cook
to cut
to drink
to eat
to hate
to love
to mix
to taste

236

Wörterbücher für die Grundschule

Ein großer Wortschatz für kleine Wortsucher!

Der Kinderduden
Das Sachwörterbuch für die Grundschule
Ab 2. Klasse

Sach-, Lese- und Wörterbuch in einem: Über 3 500 Wörter, 36 informative Sachgeschichten und witzige, das Verständnis fördernde Zeichnungen erklären Zusammenhänge, wecken die Lust der Kinder am Lesen, ermutigen zum eigenständigen Weiterdenken und geben vielfältige Sprechanreize.

ISBN 3-411-04495-0

Das Grundschulwörterbuch Englisch
Das zweisprachige Nachschlagewerk von A bis Z
Ab 3. Klasse

Zwei alphabetisch geordnete Wörterlisten (Englisch-Deutsch und Deutsch-Englisch) mit den jeweils 2 000 wichtigsten Wörtern und Wendungen der jeweiligen Ausgangssprache ermöglichen kleinen Englischeinsteigern das schnelle und gezielte Nachschlagen.

ISBN 3-411-71941-9